高校学生管理工作实践探索

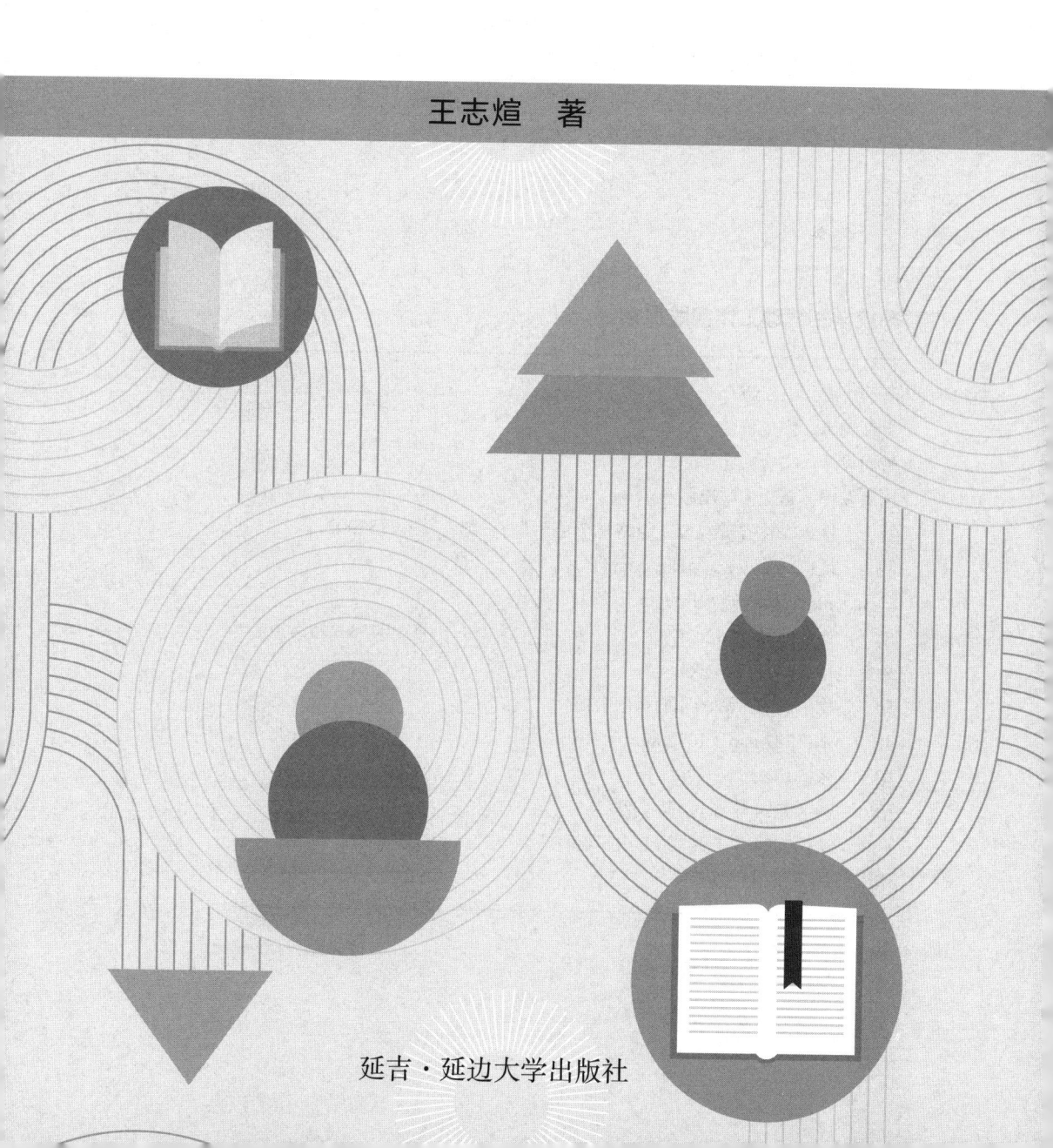

王志煊 著

延吉·延边大学出版社

图书在版编目（CIP）数据

高校学生管理工作实践探索 / 王志煊著. -- 延吉：延边大学出版社，2024.5
ISBN 978-7-230-06582-5

Ⅰ．①高… Ⅱ．①王… Ⅲ．①高等学校－学生－学校管理－研究－中国 Ⅳ．①G645.5

中国国家版本馆 CIP 数据核字(2024)第 102097 号

高校学生管理工作实践探索

著　　　者：王志煊	
责任编辑：张艳秋	
封面设计：文合文化	
出版发行：延边大学出版社	
社　　　址：吉林省延吉市公园路 977 号	邮　编：133002
网　　　址：http://www.ydcbs.com	
E-mail：ydcbs@ydcbs.com	
电　　话：0433-2732435	传　真：0433-2732434
发行电话：0433-2733056	
印　　刷：廊坊市海涛印刷有限公司	
开　　本：787 mm×1092 mm　1/16	
印　　张：10.5	字　数：200 千字
版　　次：2024 年 5 月　第 1 版	
印　　次：2024 年 5 月　第 1 次印刷	
ISBN 978-7-230-06582-5	

定　　价：49.80 元

前　言

高校学生管理工作属于当前高校管理工作的重要内容，高校教育目标是培养更多具有创新精神和实践能力的专业人才，开展科学规范的学生管理是实现这一目标的必要保障。随着高等教育事业的发展，我国高校学生管理面临较多问题，学生管理工作亟须得到完善。目前，培养高素质的现代应用型人才成为高等教育领域可持续发展的重要目标，因此，各高校规划符合时代发展要求的人才培养目标和发展思路时，应足够重视并掌握"实践育人"这一新兴教育理念，并应用于现实，始终将实践教学视作人才培养的主要环节，以保证高素质复合型人才的培育质量。

高校的管理工作是一项复杂的系统工程，包括教学管理、科研管理、资产管理、后勤管理、学生管理等。学生管理是高校管理的重要组成部分，与高校的各项管理特别是学生思想政治教育紧密联系在一起。高校学生管理工作应当强调以学生为本，全面贯彻落实科学发展观。以学生为本，首先要尊重学生、理解学生，充分确立学生在学校生活中的主体地位，使其受教育的过程成为自我认识、自我发现、自我评价、自我发展、自我完善的过程。以学生为本，还要积极培养学生、塑造学生，在注重提高学生全面素质的同时，努力为学生个性发展留有空间，激发学生的创造力。

本书的章节布局合理，共分为七章。第一章是高校学生管理工作概述，主要对高校学生管理工作的内涵与特点、高校学生管理工作的目标与原则、高校学生管理工作的对象与任务，以及高校学生管理工作的内容与方法进行阐述。第二章是高校学生管理机构与队伍建设，重点探讨高校学生管理机构的设置和高校学生管理队伍建设。第三章是高校学生学习管理，简述高校学生学习及其学习管理，并进一步探索高校学生学习的自我管理和高校学生学习管理中的新路径。第四章是高校学生生活管理，着重对高校学生宿舍管理展开探索研究。第五章是高校学生心理健康管理，分析了高校学生心理健康问题的主要表现及原因，并尝试探索高校学生心理健康管理模式与体系，针对互联网带来的影响和改变，探讨了高校学生心理健康教育对互联网时代的有效应对机制。第六章是高校学生安全管理，对校园内部的安全管理进行了研究，并对网络时代高校学生的安全管理进行了探索。第七章是高校学生就业管理，简述了高校学生就业管理的内容，对高校学生就业能力及培养方式做了研究，最后对高校学生就业管理服务信息平台建设进行了探索。

随着"互联网+"、大数据、教育大众化时代及"微时代"的来临，高校学生的思想观念日益复杂，传统学生管理的工作观念、方式和体制已很难适应形势发展的需要，必须用新的思路加以改革和创新。

  由于作者能力有限，书中难免存在疏漏与不足之处，望广大读者批评指正，以使本书更加完善。

目 录

第一章 高校学生管理工作概述 ……………………………………… 1
第一节 高校学生管理工作的内涵与特点 ………………………… 1
第二节 高校学生管理工作的目标与原则 ………………………… 10
第三节 高校学生管理工作的对象与任务 ………………………… 14
第四节 高校学生管理工作的内容与方法 ………………………… 17

第二章 高校学生管理机构与队伍建设 …………………………… 20
第一节 高校学生管理机构的设置 ………………………………… 20
第二节 高校学生管理队伍建设 …………………………………… 26

第三章 高校学生学习管理 …………………………………………… 43
第一节 高校学生学习概述 ………………………………………… 43
第二节 高校学生学习管理简述 …………………………………… 52
第三节 高校学生学习的自我管理 ………………………………… 59
第四节 高校学生学习管理实践 …………………………………… 64

第四章 高校学生生活管理 …………………………………………… 74
第一节 高校学生生活管理简述 …………………………………… 74
第二节 高校学生宿舍管理 ………………………………………… 81

第五章 高校学生心理健康管理 …………………………………… 87
第一节 高校学生心理健康问题的主要表现及原因分析 ……… 87

1

第二节 高校学生心理健康管理探索 …………………………………… 93

第三节 互联网时代高校学生心理健康管理的有效应对机制 ………… 97

第四节 高校学生心理健康管理体系的构建 …………………………… 102

第六章 高校学生安全管理 ……………………………………………… 117

第一节 高校学生安全管理简述 ………………………………………… 117

第二节 校园内部安全问题及应对策略 ………………………………… 129

第三节 网络时代高校学生安全管理 …………………………………… 135

第七章 高校学生就业管理 ……………………………………………… 141

第一节 高校学生就业管理简述 ………………………………………… 141

第二节 高校学生就业能力及其培养 …………………………………… 144

第三节 高校学生就业管理服务信息平台建设 ………………………… 150

参考文献 …………………………………………………………………… 158

第一章 高校学生管理工作概述

第一节 高校学生管理工作的内涵与特点

高校学生管理工作是高校为实现人才培养目标而面向学生实施的特殊的管理活动，有其特定的内涵与特点。

一、高校学生管理工作的内涵

高校学生管理是高校领导和管理人员为了实现高校学生的培养目标，按照国家的教育方针和各项政策法令，科学地、有计划地对学校内部的人、财、物、时间、信息等展开组织、指挥、协调，并对其进行预测、计划、实施、反馈、监督等的一门管理科学。

高校学生管理作为高校管理的重要组成部分，具有十分广泛而深刻的内涵。首先，它要研究管理对象（即高校学生）的生理特征和心理特征，知识结构和能力结构，并研究兴趣爱好和社会氛围对他们的影响，既要了解他们的思想变化，也要掌握教育管理的规律。其次，它要研究管理者（即学生工作专职人员）本身必备的思想、文化、理论和业务素质，以及对这些素质的培养和管理队伍的建设。最后，它还要研究学生管理的机制，一般管理的原则、方法，以及在学生学习、生活、课外活动、思想教育中的具体管理目标、原则、政策、法规等。

高校学生管理工作是一项教育工作，具有教育科学的规律，它还是一项具体的管理工作，因此它也具有管理科学的规律。高校学生管理是高等教育学和管理学交叉结合产生的一门综合性应用学科，它同所有的管理科学一样，研究的主题是效率，具体研究的课题是高校学生管理的效率。我国高校学生管理就是按照党和国家的教育方针，寻求实现培养德、智、体、美、劳全面发展的专门人才的最佳方案、最佳计划、最佳决策、最佳管理体制、最佳组织机构和最佳操作程序。高校学生管理涉及很多学科，如马克思主义哲学、高等教育学、社会学、心理学、管理学、行政学、统计学、控制论、信息论、系统论等。因此，要研究我国高校学生管理，高校学生管理工作人员必须广泛运用各种有关的科学理论，也要运用科学的指导思想和管理手段开展高效的管理工作。

在严格管理高校学生的过程中，管理者要正确处理以下两方面关系：

第一，学生管理与规章制度的关系。高校学生管理工作要通过制定并实施必要的规章制度实现。中华人民共和国教育部（以下简称"教育部"）根据党和国家的教育方针、高校学生成长的特点，以及长期以来的工作经验，制定了新版《普通高等学校学生管理规定》，这是一份对高校学生开展科学管理的基本的法规性文件。全国各高校结合自己的实际情况，整章建制；而学生管理工作的实践又能够反过来丰富规章制度的内容，使之更加全面、科学。

第二，学生管理与思想品德教育的关系。管理是教育的一种手段，教育能保证管理的推行和实施，在强调管理工作的重要意义的同时，不可忘记思想品德教育的重要保障作用。任何只强调严格管理而忽视思想品德教育，或只强调思想品德教育而置制度管理于不顾的做法，都是片面的、不可取的。只有把学生管理与思想品德教育有机结合起来，才能使高校学生管理工作步入正轨。

二、高校学生管理工作的特点

学生管理作为高校为实现人才培养目标而为学生提供的一种服务，有着显著的特点。

（一）突出的教育功能

高校学生管理是高校人才培养工作的重要组成部分，因此，高校学生管理工作既具有管理的属性，又具有教育的属性，并且还有着突出的教育功能。

1.高校学生管理目标服从和服务于高校学生教育目标

学生是为了接受高等教育而跨进高校之门的，高校学生管理则是高校为实现学生教育目标，促使学生圆满完成学业而实施的特殊管理活动，因此，高校学生管理目标必然服从和服务于高校学生教育目标。这体现在以下两个方面：

第一，高校学生教育目标是制定高校学生管理目标的基本依据。实际上，高校学生管理目标就是高校学生教育目标在高校学生管理活动中的体现，是高校学生教育目标在高校学生管理领域的分目标。离开了高校学生教育目标，高校学生管理就会偏离方向。

第二，高校学生教育目标得以实现的前提是高校学生管理目标的实现。高校学生管理是实现高校学生教育目标的重要手段，只有通过有效的管理，建立和保持正常的教育、教学和生活秩序，充分调动高校学生学习的积极性和主动性，为高校学生提供各种必要的指导和服务，才能保证高校教育教学活动的顺利进行和学生的健康成长。如果没有有效的高校学生管理，那么高校学生教育目标也就不可能实现。

2.教育方法在高校学生管理方法体系中具有突出的作用

教育方法是包括学生管理在内的现代管理活动中一种常用的基本方法。由于一切管理活动都离不开人，而人是有思想的，人的活动总是由一定的思想意识支配，因此任何管理活动都要坚持思想领先的原则，注意做好人的思想工作，通过影响人的思想去引导和制约人的活动。高校学生管理作为学生教育和培养系统中的重要组成部分，必然要更加注重运用教育的方法，以增强管理的实效性。一般而言，高校学生管理的法律方法、行政方法和经济方法的实施，都要伴以思想道德教育，才能收获良好的效果。

3.管理学生的过程也是教育学生的过程

高校是教育和培养专门人才的重要场所，高校的一切工作都应当为学生产生积极的影响，直接面向学生实施的高校学生管理工作更是如此。事实上，高校学生管理包含的教育因素十分丰富。在高校学生管理过程中所贯彻的以人为本、民主、法治、公正、和谐的理念，所体现的从学校和学生的实际出发、遵循教育规律和管理规律的实事求是的科学精神，所采用的民主管理、依法管理、科学管理的方法等，都会对学生起到潜移默化的影响。依据学生成长、成才的规律和要求制定的各项规章制度，在高校学生管理过程中都会对学生起到思想导向、动机激励和行为规范的作用。在管理学生的过程中，管理人员的情感、态度和言行也会对学生起到示范作用。可见，管理学生的过程也是教育学生的过程，并会直接影响学生思想品德的形成与发展。

（二）鲜明的价值导向

党的十八大以来，中国特色社会主义进入新时代，我国高校学生事务管理进入了创新发展阶段，特别是2016年12月全国高校思想政治工作会议召开以来，高校学生事务管理不管在理论研究上，还是在实践探索上，都取得了富有时代特征、高校特色的成果。在认识上都达成了高校学生事务管理是高校实现立德树人根本任务的重要途径，是高等教育的重要组成部分，是高校思想政治工作的重要内容，是维护高校和谐稳定的有力抓手，是促进学生全面发展的重要途径的思想共识、政治共识和行动共识。尤为重要的是，相比国外高校而言，我国高校作为中国特色社会主义的高校，高校学生事务管理必然带有鲜明的中国特色。准确把握新时代高校学生事务管理的中国特色，对于把准高校学生事务管理的正确方向，服务好培养什么样的人、如何培养人以及为谁培养人这个教育的根本任务，具有重要的意义。

高校学生管理是为社会培养人才提供服务的，高校学生管理的目的和形式总是受到社会的经济基础、政治制度和意识形态的影响。因此，高校学生管理必然具有鲜明的价值导向，它体现出社会的主导价值观念体系，并直接影响学生价值观的形成与发展。我国是人民民主专政的社会主义国家，我国的高校为建设社会主义现代化事业培养专门人才，这就决定了我国的高校学生管理必然要坚持社会主义价值导向。具体地说，高校学生管理的价值导向集中体现在以下几个方面：

1. 管理目标

目的性是人类实践活动的基本特征。人的实践活动的目的，总是基于一定的需要和对实践对象的属性及其变化趋势的认识与判断，因此总是体现着一定的价值观念。事实上，高校学生管理目标同样如此。高校学生管理目标及整体的教育目标体系，都是基于一定的价值观念确定和设计的，其中贯穿和体现着一定的价值追求。因此，高校学生管理的价值导向不仅对管理者的管理行为和学生的日常行为起着导向、激励和评价作用，还对学生价值观的形成和发展起到重要的引导和促进作用。例如，建立和维护良好的教育教学秩序和生活秩序是高校学生管理的重要目标，这一目标就体现了"有序"的价值追求，因此这一目标的实现，就会促使学生形成"有序"的观念。同时，高校学生管理是高校学生教育的重要环节。为谁培养人、培养什么样的人，始终是高校学生教育的首要问题，当然也是高校学生管理的重要问题。显然，这个问题的解决途径必须鲜明地体现一定的价值观念和价值追求。我国现阶段的发展要围绕社会主义核心价值体系，体现了走中国特色社会主义道路，实现中华民族伟大复兴的共同理想对人才培养的要求，因此我国高校学生管理的目标也必然要体现社会主义价值导向。

2. 管理理念

高校学生管理理念是高校学生管理的指导思想，直接制约着高校学生管理的原则和方法，总是体现社会主义核心价值体系。例如，高校学生管理中的"以人为本"的理念，就是对党所坚持的"以人为本"的思想的贯彻和体现。在高校学生管理中全面贯彻"以人为本"的理念，坚持做到以实现人的全面发展为目标，"关心人、尊重人、依靠人、发展人、为了人"，必然会对学生正确认识人的价值产生积极影响。

3.管理制度

制定科学而又严密的规章制度是高校学生管理的基本手段，是高校学生管理规范化、制度化和法治化的基本保证和主要标志。高校学生管理制度是在一定的价值观念指导和影响下制定出来的，总是体现着一定的价值导向，具体表现为：要求高校学生做什么、不做什么，鼓励和提倡高校学生做什么、反对和禁止高校学生做什么，奖励什么样的行为和表现、惩罚什么样的行为和表现，等等。高校学生管理制度中的这些规定无不体现着鲜明的价值导向。

（三）复杂的系统工程

高校学生管理同其他管理活动一样，是一项系统工程，具有整体性、层次性、动态性和开放性。同时，高校学生管理又有其特殊的复杂性，因此是一项十分复杂的系统工程。高校学生管理的复杂性主要体现在以下三个方面：

1.高校学生管理的任务是复杂的

高校学生管理既要紧紧围绕学生教育的中心任务，加强对学生学习行为和实践活动的管理和引导，又要切实为学生的健康成长着想，加强对学生日常行为（包括交往行为、消费行为、网络行为等）的管理和引导，及时发现、纠正和妥善处理学生的异常行为；既要加强对学生现实群体（包括学生班级、学生党团组织、学生社团等）的管理和引导，又要适应网络时代的新情况，加强对学生以网络为平台形成的虚拟群体的管理和引导；既要对学生在校内的安全加强管理，又要为学生在校外的安全提供必要的指导；既要做好面向全体学生的奖学金评定工作，充分调动学生的学习积极性，又要做好面向家庭经济困难学生的资助工作，帮助他们顺利完成学业；既要引导新生科学地制订职业生涯规划，明确具体目标和努力的方向，又要为毕业生提供就业、创业指导和服务，使他们能够在合适的岗位上施展自己的能力、实现自身的价值。总之，高校学生管理渗透在学生专业学习和日常生活的各个方面，贯穿于学生培养工作的所有环节，其任务是复杂而又艰巨的。

2.高校学生是具有显著差异和鲜明个性的

高校学生管理的对象是高校学生，而高校学生有着显著的差异和鲜明的个性，他们各有其特殊的精神世界和思想感情，有着不同的气质、性格、爱好和习惯。即使是同一专业、同一年级、同一班级的学生，也会由于各有其特殊的生活条件和生活经历，而形成各具特点的思想和行为。

同时，随着自主意识的增强，高校学生普遍崇尚个性，追求个性的自由发展。另外，同一名学生在不同的阶段也有着不同的个性特点。因此，高校学生管理不应按照完全统一的要求、规格和程序来开展工作，而要善于根据学生的个性特点，因势利导，有针对地开展工作。

3.影响高校学生成长的因素是复杂的

高校学生管理的目的是促进学生健康成长，而影响学生成长的，不仅有学校教育因素，还有外部环境因素。

（1）外部环境的构成因素是复杂的

在现实世界中，所有与高校学生学习、生活等相关的环境因素，都会或多或少地对学生的成长产生影响。其中有社会的因素，也有自然的因素；有物质的因素，也有精神的因素；有经济的、政治的因素，也有文化的因素；有国际的、国内的因素，也有家庭的、学校及周边社区的因素；有现实的因素，也有历史的因素。尤其是随着信息技术的迅猛发展，高校学生可以方便快捷地获取来自世界各地的信息，因此，影响学生思想、行为及成长的环境因素变得更为广泛、复杂。

（2）外部环境对高校学生的影响是复杂的

这主要体现在两个方面：一方面，影响的性质具有多重性。有积极影响，也有消极影响，两种影响效果往往交织在一起，同时发生作用。需要指出的是，同样的环境因素可能对不同的学生产生不同性质的影响。例如，对许多学生来说，富裕的家庭所具备的经济条件是保障其顺利完成学业的有利条件，但对一些学生来说，这种优越的家庭条件则成为其铺张浪费、过度消费，甚至不思进取、荒废学业的主要原因。另一方面，影响的方式具有多样性。有直接的影响，也有间接的影响；有显性的影响，也有隐性的影响；有通过对学生思想情感的熏陶产生影响的，也有通过对学生行为的约束产生影响的……因此，在高校学生管理过程中，管理者不仅要善于对学生的学习和生活进行正向引导，而且还要善于准确认识和有效调控各种环境因素对学生的影响，尽可能充分利用其积极影响，防止、抵御和转化其消极影响。显然，这是一项十分复杂的工作。

（四）显著的专业特色

管理是传统意义上的经验性的事务性工作，但高校学生管理有其特殊的管理对象、内在规律和方法体系，这决定了高校学生管理必须使用专业方法，形成专业视角和专业研究模式。因此，高校学生管理是专业性很强的工作。

1.特定的管理对象

高校学生管理的对象是高校学生，而高校学生有着区别于其他管理对象的显著特点。

（1）高校学生是具有高度自觉能动性的人

高校学生具有强烈的自主意识、突出的独立意向和较高的智力发展水平，他们崇尚独立思考，要求自主、自治。在高校学生管理过程中，学生不仅是接受管理的对象，也是积极活动的主体。面对管理要求及管理者的指导和督促，他们总要经过自己的思考，做出自己的选择和评价。更重要的是，他们还会积极主动地参与管理活动，自觉地接受管理和实行自我管理。这就要求管理者必须着力激发和引导学生的自觉能动性，使他们能够自觉地顺应管理目标和要求，主动接受管理，积极开展自我管理。

（2）高校学生是正处于成长和发展关键时期的人

高校学生的心理日趋成熟，但还未完全成熟，智力迅速发展，情感日益丰富，自我意识显著增强，存在着诸如理智与情绪的矛盾、自我期望与自身能力的矛盾等心理矛盾。他们正处于思考、探索和选择之中，世界观、人生观、价值观初步形成，思想活动具有显著的独立性、敏感性、多变性、差异性和矛盾性。大多数高校学生即将步入社会，正在做进入职场、全面参与社会劳动实践的准备。可见，高校学生有着既不同于少年儿童，又区别于其他成人的特点。同时，正是由于高校学生还处于趋向成熟的过程之中，因此他们身上蕴藏着极大的向各方面发展的可能性，即巨大的发展潜力。这就要求高校学生管理要针对学生的特点，切实加强并科学实施对学生的指导和服务，以促进他们的健康成长，使他们的身心获得最佳发展。

（3）高校学生是以学习为主要任务，并在教师的指导下进行自主学习的人

高校学生的主要职责是学习，高校学生的学习是由教师指导并按照一定的制度和规定，有目的、有计划、有组织地进行的。同时，高校学生可以按照学校的有关规定自主地选修课程，自主地支配大量的课余时间。因此，高校学生不仅需要掌握科学的学习方法，而且还需要高度的学习自觉性和有效的自我管理。这就要求高校学生管理工作要紧紧围绕学生的学习任务展开，切实加强对学生学习行为的指导和管理。

2.特殊的内在规律

高校学生管理有其特殊的内在规律，这是由其自身存在的特殊矛盾所决定的。高校学生管理存在的特殊矛盾就是社会基于对专门人才的需要，对学生在行为方面的要求与学生行为实际状况之间的矛盾。这一矛盾存在于一切高校学生管理活动之中，贯穿于一切高校学生管理过程，决定着高校学生管理工作的全局。它构成了高校学生管理的基本矛盾，也是高校学生管理活动区别于其他社会实践活动的特殊矛盾，高校学生管理就是为解决这一矛盾而专门进行的特

殊的社会实践活动。因此，高校学生管理作为一种管理活动，固然要遵循管理的一般规律，但又有着区别于其他管理活动的特殊规律，高校学生管理作为一种人才培养手段，固然要遵循教育的一般规律，但又有区别于其他教育活动的特殊规律。这就需要对高校学生管理的特殊规律进行专门的探索和研究。

3.特有的方法体系

高校学生管理所具有的特定的管理对象和特殊的内在规律，决定了其特有的工作方法体系。由于高校学生管理工作涉及范围极其广泛，具有很强的综合性，因此管理者需要掌握管理学、教育学、心理学、社会学等多个学科的理论、方法和技术。此外，高校学生管理的工作方法体系并不是上述这些学科的理论、方法和技术的简单拼凑和机械相加，而是需要管理者在系统掌握这些学科理论、方法和技术的基础上，针对高校学生的特点，依据高校学生管理的特殊规律和具体实际，把它们有机地结合起来加以综合运用，从而形成独特的方法体系。

第二节 高校学生管理工作的目标与原则

高校学生管理工作的目标与原则是高校学生管理的重要研究内容，它们的明确与否将直接影响高校学生管理工作的效果。

一、高校学生管理工作的目标

高校学生管理工作的目标是培养适应社会发展需要的高素质人才，提高学生的综合素质。具体来说，就是要提高高校学生的思想政治素质、科学文化素质、身心素质、创新素质等。

（一）提高学生的思想政治素质

在思想政治素质方面，高校学生要有正确的政治方向、坚定的理想信念，养成良好的道德品格，认真学习党的理论知识和重要思想，自觉践行党的路线、方针、政策，坚持正确的政治立场。

（二）提高学生的科学文化素质

在科学文化素质方面，高校学生要有较为全面丰富的知识和扎实的理论功底。要提高科学文化素质，高校学生就要努力学习科学文化知识，掌握正确的学习方法，养成良好的学习习惯，学会用理论指导实践，全面提高自身素质，同时树立终身学习的观念，在实践中寻找不足，以学习弥补不足。

（三）提高学生的身心素质

在身心素质方面，高校学生要有强健的身体和健康的心理。高校学生要积极参加体育锻炼，强健体魄，提高身体素质；通过自我管理、自我控制和自我调节，健全人格；积极参加社会实践，养成良好的个性，提高社会适应能力，从而更好地为社会服务。

（四）提高学生的创新素质

在创新素质方面，高校学生要有用科学的思维方式把理论运用于实践的能力。高校学生要通过学习，积累理论知识，运用科学的思维辩证地、全面地分析和辨别事物；要有较强的创新和实践能力，面对不断变化的环境要勇于创新，不断地进行自我突破，提高自身的综合素质。

二、高校学生管理工作的原则

（一）坚持工作的方向性

高校学生管理工作是一种有目的的活动，因此必然具有方向性。坚持以社会主义核心价值观为引领，是我国高校学生管理工作的本质特点。社会的性质决定了学校的性质，进而决定了学校一切管理工作的性质。因此，作为一种有目的、有意识的自觉活动，高校学生管理工作要为社会主义现代化建设培养大批合格的人才，这是高校学生管理工作必须遵循的最基本、最重要的原则。

（二）理论与实践相结合

理论与实践相结合是高校学生管理工作的基本原则。准确领会和掌握马克思主义基本原理、相关科学及各种管理原理，把握它们的精神实质，是做好高校学生管理工作的前提。但是，高校学生管理工作原理的应用价值和范围是受不同学校、不同管理对象和管理者的不同水平等因素制约的。党和国家在社会主义现代化建设进程中制定了基本的教育方针和政策，在不同发展时期，针对不同特点，又提出了一系列具体的方针、政策和要求。高校学生管理的具体措施既要体现这些方针、政策和要求，也要从本地区、本校、本专业、本年级学生的具体情况出发，从学生的素质、兴趣和生理、心理特点出发，做到理论联系实际。

（三）行政管理与思想教育相结合

培养学生的共产主义思想品德既需要耐心细致的说理教育，也需要坚持不懈的行为训练，将二者相结合才能使学校的教育要求得到落实，使学生养成良好的行为习惯，否则就达不到理想的教育效果。对学生良好行为习惯的训练和培养离不开科学的管理，如果没有合理的规章制度、行为规范，那么思想政治教育就会空泛无力。高校行政管理在培养合格人才的过程中具有不容忽视的作用，其为教育工作提供规范、准则和纪律保证。高校学生管理工作者通过规章制度、行为规范对学生的思想行为进行科学指导和规范，这些制度、规范表现为社会与学校的集体意志对学生的要求，表现为对学生行为的外在限制。因此，想单纯地运用行政管理解决学生复杂的精神世界问题是违背教育规律的，也是不切实际的。高校在制定与实施学生教育管理的措施时，必须以提高学生的认识能力、培养学生遵守规章制度的自觉性为前提。只有通过科学而有效的思想教育，帮助高校学生提高遵守纪律的自觉性，才能真正实现高校学生管理的效能。

（四）坚持学生自我管理

高校学生管理工作的一个重要方面，就是培养学生自我控制、自我管理的能力，增强学生在管理中的主动意识，充分调动学生自我管理的积极性。因此，在高校学生管理工作中，坚持学生自我管理的原则才是符合学生管理整体目标的。

从高校学生的心理特征来看，他们处于心理自我发现期。在这一时期，高校学生产生了认识和支配自我、支配环境的强烈意识，他们的思想和行为表现明显有别于中学时期，他们希望自己的意志和人格受到外界更多的尊重，对于学校制定的规章制度、行为纪律，他们会思考其合理性，一般不希望被动地处于服从和遵守的地位，而是要求参与管理。根据高校学生的培养目标和其心理特征，高校学生管理工作应充分发扬民主，既把学生看成管理对象，又把学生看成管理主体。高校在实行民主管理时，应注意发挥学生党员的先锋模范作用，重视学生干部的选拔与培养，调动学生的积极性，实现学生民主管理。

第三节 高校学生管理工作的对象与任务

把高校学生管理作为一门科学进行研究，探讨高校学生管理工作的对象与任务，促进高校学生管理工作的科学化、法治化和人本化，在高校管理研究中具有重要意义。

一、高校学生管理工作的对象

所谓管理对象，是指"管理活动的承受者"。随着人类认识的深化和管理的科学化、复杂化，人们对管理对象产生了两种理解：一是指管理活动所作用的各种具体对象。最初是人、财、物三要素，后来增加了时间、空间，成为五要素，之后又增加了信息、事件，成为七要素。二是指管理活动所作用的特定系统，即把管理对象作为由多种因素组成的有机整体。系统与外界环境之间存在信息交流、能量交流和物质交流。

高校学生管理作为高校管理工作的重要组成部分，其对应的工作对象无疑是指高校学生。根据教育部发布的《普通高等学校学生管理规定》，普通高等学校学生应包括所有在普通高等学校、承担研究生教育任务的科学研究机构接受普通高等学历教育的研究生和本科、专科（高职）学生。高校学生管理涉及诸多知识体系，包括管理学、教育学、心理学、政治学、人才学等，因此高校学生管理是一门综合性和政策性很强的应用科学，它具有独特的研究对象，这个对象就是学生管理活动本质的、内在的联系及其发展变化的规律。

高校学生管理作为高校管理的一个重要方面，与高校其他管理工作既有相同点，也有不同点。同高校其他管理工作相同的是，高校学生管理工作是以教育领域某一方面的特殊现象和规律为管理对象的，必然要受到教育领域总规律的制约；与高校其他管理工作不同的是，高校学生管理工作具有相对独立性。人们只有既认识到高校学生管理工作与高校其他管理工作的密切联系，又认识到二者的不同，才能真正揭示高校学生管理工作所具有的特殊规律。

二、高校学生管理工作的任务

高校学生管理工作的任务包括研究学生管理学的相关体系，即研究高校学生管理工作与活动的知识系统理论。这种研究必须着眼于寻求高校学生管理工作本身所蕴含的特殊矛盾，领悟和把握其运行规律，更好地将这种规律运用于工作实践中，更有力地推动高校学生管理工作。高校学生管理工作的任务主要包括以下几个方面：

（一）培养全面发展的人才

高校要坚持马克思主义关于人的全面发展学说，贯彻党的基本路线，以马克思列宁主义、毛泽东思想、邓小平理论、"三个代表"重要思想、科学发展观、习近平新时代中国特色社会主义思想为指导，认真执行《普通高等学校学生管理规定》，全面贯彻党和国家的教育方针，强化学校培养目标管理，为培养全面发展的高素质人才服务。

（二）构建高校学生管理工作模式

中国是一个历史悠久的文明古国，教育界前辈们在学生教育和管理中积累了丰富的经验，这些经验是宝贵的历史文化遗产。对于这些文化遗产，高校应当批判地继承，做到古为今用。同时，高校还应大胆借鉴国外高校的学生管理工作经验，去粗取精，去伪存真，博采众长，吸纳教育学、社会学、政治学、青年心理学、系统管理学、文化学等相关学科的理论知识，这样才能构建起具有中国特色的、符合时代精神的高校学生管理理论体系，并以此来指导实践，构建起高效的、有益于学生身心健康成长的高校学生管理工作模式。

（三）推动高校学生管理工作的实施

高校应加强科学研究，注重实践探索，不断完善学生管理工作理论体系的结构，推动学生管理工作的实施。尽管高校学生管理工作有着丰富且宝贵的实践经验和悠久的历史传统，但就总体情况而言，它还面临着许多亟待解决的问题。因此，高校学生管理工作者必须加强对高校学生管理工作的科学研究，大胆探索，不断创新，切实把握新时代高校学生管理面临的新问题、新内容和新特点，努力用新方法、新思路和新手段去适应高校学生管理的新规律和新形势，使高校学生管理的理论与方法与时俱进，不断得到丰富和完善。

（四）促进高校学生管理工作科学化、法治化和人本化

高校应以理论创新推动实践创新，促使学生管理工作科学化、法治化和人本化。要想体现高校学生管理工作的科学化、法治化和人本化，管理者不仅需要研究法律学与青年学的相关理论，还需要研究管理学方面的理论，同时更应将法律学、青年学、管理学等学科的内容有机结合起来，形成理论上的创新，推动实践创新。高校学生管理工作不是一般的管理工作，而是将有一定知识的青年培养成德、智、体、美、劳全面发展的人才的管理工作，换言之，这种管理工作的最高宗旨是促进高校学生的全面发展，使其成为社会主义建设者和接班人。

第四节 高校学生管理工作的内容与方法

改革开放以来，我国高等教育发展迅速，与此同时，高校学生管理的内容、方法发生了深刻的变化。

一、高校学生管理工作的内容

（一）学习管理

学习管理必须全面考虑学生的发展。高校在对学生进行学习管理的过程中，不仅要强调课堂学习，而且要重视课外学习；不仅要强调校内学习，还要组织学生在广泛的社会实践中学习；不仅要注重对书本的学习，还要指导学生手脑并用，提高学生将所学知识应用于实际的能力；不仅要增长学生的知识，还要发展学生的技能；不仅要发展学生的智力，还要使其形成良好的思想品质。

（二）生活管理

生活方面的管理是高校学生管理工作的重要内容之一。做好高校学生生活管理工作，能够体现党和国家对高校学生的关怀，保护高校学生的身心健康，建立正常的教学和生活秩序，培养学生的优良品德和文明习惯，从而实现学校的培养目标。高校学生生活管理应当包括对学生在校期间的一切生活活动（如饮食、住宿等）的管理，为学生提供优质的生活服务，促进学生养成良好的生活习惯。

（三）心理健康管理

高校学生心理健康管理是高校学生管理的重要内容，它不仅包括学生心理健康教育课程，以及组织、实施和评价各种心理健康教育活动，还包括对学生心理健康教育隐性课程的开发、对从事心理健康教育的教师的培训等。

除上述三项工作内容外，在实际工作中，高校学生管理工作通常还包括安全管理、就业管理等。

二、高校学生管理工作的方法

高校学生管理工作的方法是根据其管理原则，为实现高校学生培养目标而在德、智、体、美、劳及其他方面所采取的具体的工作方式、途径和手段，一般有以下几种：

（一）调查研究

管理者要经常调查、了解、掌握学生的情况，及时采取相应的处理措施。调查研究前要对调查对象、目的、方法等认真规划，不能临时应付，草草了事。调查要实事求是，不能以上级单位或某一人的指示、意见为结论。在调查的基础上还要运用马克思主义的观点和方法，对获得的材料等进行分析、综合、研究。

（二）建立规章制度

逐步建立一系列科学的管理制度，是高校学生管理工作的必要方法。建立的规章制度要符合高校学生的身心发展特点，符合教育规律和德、智、体、美、劳全面发展的学生培养目标的要求。此外，建立的规章制度既要能随着教育的发展而被不断完善，又要具有相对稳定性。

（三）运用行政方法

运用行政方法是指按照高校学生管理工作的目标和内容制定一系列的规

章制度、执行措施和学生行为规范，用行政方法进行管理，由相应的管理部门实施检查监督，从而使学生集体或个人的活动达到管理的目标要求。

行政方法包含褒扬和惩治两个方面：对遵守管理制度、行为符合规范的集体和个人，应予以表扬；对违反管理制度、行为不符合规范的集体和个人，要有明确的惩治措施，对表现特别恶劣的集体和个人，要采取严格的制度约束。

第二章 高校学生管理机构与队伍建设

第一节 高校学生管理机构的设置

一、设置高校学生管理机构应遵循的原则

一般来说，设置高校学生管理机构应遵循以下几个原则：

（一）系统整体的原则

如果把高校看作一个大系统，那么高校学生管理工作就是这个大系统中重要的支系统，这个系统的管理目标与高校的培养目标是一致的，即"规范普通高等学校学生管理行为，维护普通高等学校正常的教育教学秩序和生活秩序，保障学生合法权益，培养德、智、体、美等方面全面发展的社会主义建设者和接班人"。具体地说，就是要对学生的思想品德、专业学习、体育锻炼、劳动实践、课余活动、行为习惯、生活起居，以及就业等问题进行全面管理。因此，高校学生管理系统是一个多因素、多层次、多系列、多功能组成的结构群体。这个结构群体中的各要素、各系统、各层次之间存在必然的内在联系，要素和结构整体是不可分离的。正因如此，在整个高校学生管理系统组织结构中所设置的任何一个部门，任何一个管理层次，任何一个管理序列，都必须注意它们

之间的功能联系及其同整体管理效能的关系。否则，必然导致整个系统管理作用的减退和管理功能的紊乱。在设置高校学生管理机构时，必须依据系统整体的原则，深入了解各学生管理机构，分析它们的构成因素在整个学生管理工作中的地位和作用，理清它们之间相互依存、相互制约、相互促进的关系，寻求学生管理机构的最佳组合方案，将各级、各类、各环节的学生管理活动协调于学生管理系统的整体行为之中，不断推进高校学生管理向机构体系的最佳状态发展。

目前，我国绝大部分高等学校领导体制是党委领导下的校长分工负责制。高校学生管理机构的设置从系统整体这一原则出发，必须做到所设立的管理机构系统与学校内部领导体制相适应，避免学生管理工作因受多方领导造成指挥系统紊乱。同时，要注意消除机构重叠、工作重复的弊端，还有一种为系统整体原则所不容许的情况，即某种职能总是从机构所担负的责任中漏掉，或者被排斥在所设置的机构之外。只有依照系统整体原则来设置学生管理机构，使各机构职能范围清楚、责任明确、功能相对独立而互补，才可能建立一个从上到下都强有力的工作系统，有利于避免学生管理工作中混乱的多中心状态，达到有秩序地管理学生成才全过程的目的。

（二）层次制与职能制结合的原则

层次性是事物组成的普遍规律，在高校学生管理系统中，大致可以分为校、系、年级、班、组几个层次，而层次制指的就是学校这种纵向划分的方法。

职能反映的是管理机构的各个系统可能的活动领域，反映的是某些性质不同的工作的集合，这些工作的开展为实现系统的最终目标提供保证。

从学校这一级来看，学生处、教务处、总务处、宣传部、团委等就是职能单位，从学生管理系统中不同的角度出发，对学生进行管理。想考察学生管理机构的设置是否合理，应该主要从职能制角度出发，但也不能忽视层次制。在设置学生管理机构时，必须考虑到在其他条件相同的情况下，层次的增加会加大需处理的信息量，导致领导者负担过重，增加系统内活动相互配合的困难。

并且随着管理层次和每一层管理内容的增加，会出现因管理过程复杂化而效能下降的情况。

目前我国高校学生管理机构设置的普遍情况是层次越高，职能制单位越多；层次越低，职能制单位越少，但直接管理的对象却越多。因此，高校设置学生管理机构时要有全局观念，要考虑到管理机构之间的联系沟通，使职能制与层次制互相结合、互相补充，以取得最佳管理效果。

（三）职、责、权相一致的原则

"职"是职务、职能，"责"是责任，"权"是依据职能、任务所赋予的权力。职与责应遵循明文规定，并与权相一致。机构设置与人员配备坚持职、责、权相一致的原则，是机构能够充分发挥职能作用并互相协调一致的关键。

明确每一机构的职能，使在其中任职的工作人员都能与他们的技能水平和能力相符是非常重要的。要严格地确定和分配职能，以保证各机构对自己所完成的全部任务负责，并达到精简不必要机构的目的。在设置机构和安排职务时应该本着"任人唯贤"和"人能相称"的原则，因事而择人，安排适当人员，合理地分配任务，使职责统一。按履行责任的需要，授予各人员相应的权力，做到各机构、各部门都有明确的分工负责人，要从上到下建立岗位责任制。明确各管理层次和职能的职责范围、权力界限，使每个工作人员都能各司其职、各尽其责、各善其事。并且要严格岗位责任制的考核，以纠正过去职责不清、赏罚不明的问题，形成一个有效的、有秩序的学生管理新格局。

这里要注意的一点是，在职责过分具体化和任务范围过于狭窄的情况下，也会束缚工作人员主观能动性的发挥，甚至存在发生突发事件时，丧失有效管理的可能性。因此，在责、权一致的过程中，重要的是明确工作人员所履行的职能的适宜性和特殊性，保证管理机构遵循职、责、权相一致原则。

（四）集中管理与民主管理相结合的原则

集中管理与民主管理可以说是当代高校学生管理中两个不可分离的组成

部分，它们互为前提。只有高度集中，学生管理工作才能产生高效益；只有充分发扬民主，才能保证管理过程的高度集中。高校学生管理的集中化和民主化的相互关系，在管理机构履行实际职能的过程中得以体现，这种相互关系在很大程度上决定着高校学生管理工作能否达到要实现的目标。集中管理的主要任务是根据学生管理工作的特征，做出统一的管理战略决策。

通常在垂直联系的系统控制之下，学校最高层领导人的责任范围被不适当地扩大，不仅被授权做出管理战略方面的决策，还要参与具体管理活动，因此留给他们处理重大问题的工作时间很少。随着学生管理系统的复杂化程度的扩大和管理信息的增加，具有较强机动性特点的较低层次（尤其是系一级）的学生管理活动就越来越具有价值。

因此，集中管理与民主管理相结合的原则，意义就在于设置或调整学生管理机构时，要使管理机构内部的权力和责任进行相应的重新分配，尽可能地把战略性职能和协调性职能与具体的管理活动分开，在形成或改造管理机构的过程中，适当调整不同层次机构在学生管理工作中参与决策、实施管理方面的作用程度。而且，在集中管理与民主管理相结合的整个管理机构系统内，除了建立健全决策和执行系统外，还要建立监督、咨询和反馈系统，使整个管理组织具有良好的控制能力。

集中管理与民主管理相结合的另一个意义是，在设置高校学生管理机构时，要建立符合民主原则的管理机构和管理制度，要充分发挥管理对象（即高校学生）本身在管理中的作用。有些学校的学生管理效果不佳的重要原因之一，就是没有遵循民主管理原则，把学生当成消极被动的管理对象，在工作中单纯采取限制、压制和惩办的手段。若要保证民主管理的实现，就必须通过不同的形式，吸纳学生参与管理，使学生会、学生代表大会等组织真正成为有效的学生管理工作监督系统和反馈系统，最终使高校学生管理机构系统在集中领导下具有民主管理精神，使学生管理工作达到最佳效果。

（五）"因校制宜"的原则

不同的学校，由于所处的社会环境，以及自身的历史发展、类别、任务、规模、条件、学生来源、领导力量、管理人员素质，或校风、学风等各种因素具有差异性，所以学生管理机构不可能实现相同的管理效果。即使是在同一学校、同一机构内，由于管理者的素质及工作作风的不同，也可能产生各具特色的、多样化的管理效果。因此，各高校学生管理机构的设置，必须因地制宜，即在统一要求下，从实际出发，实事求是，根据工作需要，研究并设置管理机构。一般来说，中等规模的学校与较小规模的学校相比，更需要一种完善的学生管理机构，至于大规模的学校，则更应该从上到下地周密考虑。针对组织机构的设置，各校可根据我国教育部划定的大原则、大框架，结合自身特点，进行慎重而周密的试验，不断总结经验，不断探索，逐步摸索出适宜本校并能达到最优管理效果的学生管理机构设置方案。

二、高校学生管理机构的结构形式

高校学生管理机构的结构从理论上可以归纳为"直线型""职能型""直线—参谋型""直线附属型""矩阵结构"等形式。目前，多数学校采用的是"直线—参谋型"或"矩阵结构"形式。

1."直线—参谋型"

"直线—参谋型"的结构形式是把高校学生管理人员划分为两类：一类是直线指挥人员，如校、系负责人，他们拥有对次一级学生管理部门实际指挥和命令的权力，并对次一级学生管理组织的工作负全部责任；另一类是职能管理人员，他们是直线指挥人员的参谋和助手，他们只能对次一级管理机构提供业务指导，而不能直接指挥和命令。

"直线—参谋型"结构形式的最大优点是上下级关系非常清楚。这种结构形式中的职能机构，是按照一定的职能分工，担负起学生思想、生活，学校教学、行政等方面的管理任务。职能机构通过各自分管的管理任务，对有关管理工作起到业务指导和保证作用。

具体来说，职能机构担负着三项职责：一是向领导报告有关情况，提出建议和方案，供领导决策时参考；二是监督并检查下级机构对上级领导的指示、命令和有关计划的执行情况，以便更好地落实领导的指示；三是协助各级领导，具体实施学生管理相关工作，为下级管理机构创造完成任务的保证条件，在业务上指导和帮助下级组织。

"直线—参谋型"结构形式的领导关系简单，能始终保持集中统一的指挥和管理，避免了机构系统中多头指挥和无人负责的现象。因此，学生管理工作方面出现问题时，可以一级找一级，直到问题解决；另外，各级领导人员有相应的职能机构做"参谋"，可以充分发挥自身在职能管理方面的作用。但是，事物之间除了纵向联系外，还存在着横向联系，"直线—参谋型"的结构形式在实际执行中也有明显矛盾。

2."矩阵结构"

由于"直线—参谋型"结构系统的客观需要，在一系列组成单位中不得不分散管理职能，当管理建立在把一切工作形式明确地独立出来和对职能有明确分配的时候，管理活动的每一个参与者就都能够明确目标。然而，虽然每一个管理部门都是按照学校的统一计划、统一部署进行工作，但由于分管不同业务，观察和处理问题的方法、角度各有侧重，因此彼此间往往会产生矛盾。此外，在"直线—参谋型"结构系统中，垂直联系高于一切，解决与战略任务并存的、大量的具体管理问题的任务和权力聚集在上层，诸如伙食问题、寝室问题等具体问题经常压倒一系列长远任务，而且使在系统发展过程中所产生的新任务的解决遇到困难。

因此，需要出现一种管理机构，能较好地适用于学生管理系统，在较特殊的情况下，能有效地协调各方面的职能，这种管理机构正是"矩阵结构"管理机构。"矩阵结构"管理机构的工作不从现有的隶属等级立场出发，而是将重心集中在所有形式的管理活动整体化和改进这些活动形式的协调动作上。因为只有这样，才能创造条件，有效地促进高校学生管理工作目标的实现。例如，为了加强对学生的思想政治教育及对学生的全面管理，或为了开展评先奖优活动，在学校党委和校长领导下成立的学生工作委员会、奖学金评定委员会、群众体育运动委员会等，都是按照专项分工，把各职能部门工作在横向上联系起来，形成全校学生管理工作的"矩阵结构"组织。

"矩阵结构"组织在纵向上体现为"直线—参谋型"组织形式，按层次下达任务，各有关职能部门按照职责范围，按层次分别贯彻学校的学生工作计划；在横向上则由职能部门抽人组成，并按照专项任务分工的组织形式展开工作，这些组织中的人同时接受职能部门的主管和专项主管的双重指挥。这些纵向的"矩阵结构"有机地结合在一起，互相配合，对学生工作进行综合管理。

在"矩阵结构"形式下，原有的管理结构仍是完整的，但在实质上，管理结构的权力关系和各个部门的职责却发生了变化，即把做出决定的责任和对执行情况的监督归于专项工作组织，而职能部门则从系统所要求的信息、管理工作的实施和其他方面来保证系统实现管理结果。学校高层次领导则可从一些非原则性的日常问题中摆脱出来，从而提高中等层次、较低层次管理结构的灵活性。

第二节 高校学生管理队伍建设

高校不仅要有高效合理的管理机构，严密有效的规章制度，更要有一批精明能干的管理干部，在工作中调动他们的积极性和创造精神，有了这几方面的完美结合，高校学生的管理工作才能取得理想效果。可以说，一切高校学生管理工作的支撑点在于管理干部。最大限度地调动和发挥广大高校学生管理干部的能动性，形成目标高度一致的管理集体，高校学生管理工作的实质是组织以人才培养为中心的协调、高效、有节奏的管理活动，核心是建设一支素质高、结构合理、战斗力强的高校学生管理队伍。

一、高校学生管理队伍的建设意义

（一）高校学生管理队伍对管理的本质和职能的体现起决定性作用

在学生管理的本质和职能的体现上，高校学生管理队伍起着决定性作用。学生管理是高校管理工作的主体，是一项从管理上保证高校培养合格人才的系统工程，它直接关系到学校的安定团结，关系到学校正常秩序的建立，关系到教育学生抵制错误思想和不良风气，以建立良好的校风学风，促进学生的健康发展和成才。

根据中华人民共和国教育部发布的《普通高等学校学生管理规定》，高校学生应当拥护中国共产党领导，努力学习马克思列宁主义、毛泽东思想、中国特色社会主义理论体系，深入学习习近平总书记系列重要讲话精神和治国理政新理念、新思想、新战略，坚定中国特色社会主义道路自信、理论自信、制度自信、文化自信，树立中国特色社会主义共同理想；应当树立爱国主义思想，具有团结统一、爱好和平、勤劳勇敢、自强不息的精神；应当增强法治观念，遵守宪法、法律、法规，遵守公民道德规范，遵守学校管理制度，具有良好的道德品质和行为习惯；应当刻苦学习，勇于探索，积极实践，努力掌握现代科学文化知识和专业技能；应当积极锻炼身体，增进身心健康，提高个人修养，培养审美情趣。这体现了社会主义高校学生管理的本质，适应了社会主义政治、经济对高校学生管理工作的要求。

然而，学生管理的社会主义方向能否坚持，管理目标能否实现，起决定作用的是管理干部。由于高校学生管理是以人的集合为主的系统，其管理工作充满教育特点，因此，在从学生入学到毕业（即在校阶段）的学习、生活等全过程中，管理干部始终在组织、领导、督促检查、控制、协调、指导帮助和激励、惩罚等多个方面发挥着不可替代的决定性作用。可以说，在学校这个培养人才的系统中，无论从诸因素的相互关系去分析，还是从各个工作环节去分析，管理干部以教育者为主体，始终处于主导地位，一切涉及学生成长的工作都是通过他们开展的，学校工作的成果、人才培养的质量，归根到底也依赖于他们。当前，高校部分学生思想不稳定，因此，加强高校学生科学管理尤为重要，管理干部在管理的本质和职能的体现上所起的决定性作用应发挥得淋漓尽致。

（二）高校学生管理队伍对人才培养目标的实现起骨干作用

在高校人才培养目标的实现和各种教育要素的构成上，管理队伍起着骨干作用。高校管理工作应以培养人才、促使青年学生健康成长为中心。高校学生管理的目的也在于全面实现高等教育的目标，概括地说，就是提高学生管理水平，促进人才素质的提高，使高校毕业生能主动适应社会主义现代化建设的需要。

高校学生管理的基本要素有四个，分别是管理对象、管理队伍、管理内容和管理手段。在四个要素中，管理对象是管理活动的主体，管理队伍是开展管理活动的主力。管理对象要靠管理队伍教育培养，管理内容要靠管理队伍去制定，管理手段要靠管理队伍去运用和改革。任何先进的管理手段，都只能作为辅助工具，而不能代替管理队伍。

换言之，学生良好行为习惯的养成，严谨、科学、优良作风的培养，德、智、体、美、劳诸方面的全面发展，都需要管理队伍精心地决策、计划、组织、指挥和控制。而且，随着国家建设需要的变化，高校培养人才的任务日益繁重，在改革的动态过程中，出现的问题将无一不在社会的晴雨表——高校学生身上反映出来。高校学生管理工作的复杂性和困难性日益增加，时代对高校学生管理队伍的要求也越来越高,高校学生管理队伍在学校人才培养目标的完成上的作用也越来越重要。

(三)高校学生管理队伍对掌握管理规律和贯彻管理原则起主导作用

在高校学生管理规律的掌握和管理原则的贯彻上,管理队伍发挥着主导作用,而发挥管理队伍在培养人才工作中的主导作用,又是在管理过程中掌握管理规律和贯彻管理原则的需要。

管理过程是学生在管理工作者指导下,认识客观世界的一种特殊的认识过程,在此过程中,存有多层次或多方面的关系、矛盾和规律,而管理队伍与学生之间的活动是管理过程中最主要的活动。发挥管理工作者的主导作用与调动学生自我管理的主动性和积极性,是管理过程中的一项主要矛盾。尽管管理过程中还有其他各种关系,诸如思想管理、行为管理、智育管理、体育管理、美育管理等方面的关系,管物与管人的关系,学生管理与教师管理的关系,管理者的素养与管理效果的关系,管理效果与管理者对高校学生心理特点、思想特点认识程度的关系,等等,但是这些关系和规律都是从属于管理过程的总规律的。为了正确地反映和掌握这些规律,实现一定的管理目的,管理工作者经过长期的探索、总结、提出了一系列管理原则,诸如为社会主义现代化培养合格人才的原则,实事求是、一切从学生实际出发的原则,系统综合管理原则,管理与教育相结合原则,民主管理原则,等等。

在这些原则中,发挥管理工作者的主导作用、启发学生的自主意识和培养学生自我管理能力三方面相结合,形成中心环节。在管理工作者与学生这对主要矛盾中,管理工作者是矛盾的主要方面,因为要贯彻这些原则,归根到底还要靠管理工作者去发挥主导作用,靠管理工作者全面掌握和运用原则,进行创造性劳动,并启发学生配合管理,积极主动地按照德、智、体、美、劳全面发展的人才标准努力提升自己。

（四）高校学生管理队伍对社会主义新时期的管理工作起特殊作用

在实现中华民族伟大复兴的关键时期，高校学生管理队伍发挥着特殊作用。高等教育的培养对象不同于普通教育，高校学生的生理特点和心理特点也不同于中学生，高校学生的心理和思想是由他们所处的社会环境和学习活动的变化，以及生理变化所决定的，社会政治、经济乃至社会舆论、社会生活方式等，对高校学生的影响都是很直接、很密切的。

如今的高校学生管理工作，已不仅是一般地培养学生端正的学习态度、良好的行为习惯，而且还担负着系统地向学生进行马克思主义思想教育，特别是辩证唯物主义和历史唯物主义哲学教育，坚持正确的导向，努力创造良好的内部环境的重任。在加强对学生的思想政治教育的同时，要严肃对待高校学生管理工作，使学生不断增强历史责任感。显然，在当下的高校学生管理工作中，管理工作者不仅在提高教育质量方面发挥着普遍作用，而且还日益显示出在学生成才导向方面的特殊作用。这些都充分说明建设一支各方面素质良好、战斗力强的学生管理队伍，是办好中国特色社会主义高校的重要措施。

二、高校学生管理队伍组织的建设

（一）党和国家高度重视高校辅导员、班主任队伍建设

2004年10月，中共中央、国务院发出《关于进一步加强和改进大学生思想政治教育的意见》（以下简称《意见》）。《意见》强调指出，大学生是十分宝贵的人才资源，是民族的希望，是祖国的未来。加强和改进大学生思想政治教育，提高他们的思想政治素质，把他们培养成中国特色社会主义事业的建设者和接班人，对于全面实施科教兴国和人才强国战略，确保我国在激烈的国际竞争中始终立于不败之地，确保实现全面建设小康社会、加快推进社会主义

现代化的宏伟目标，确保中国特色社会主义事业兴旺发达、后继有人，具有重大而深远的战略意义。《意见》指出，思想政治教育工作队伍是加强和改进大学生思想政治教育的组织保证。要采取有力措施，着力建设一支高水平的辅导员、班主任队伍。辅导员、班主任工作在大学生思想政治教育第一线，任务繁重，责任重大，学校要从政治上、工作上、生活上关心他们，在政策和待遇方面给予适当倾斜。

为全面贯彻落实《意见》，教育部发出了《教育部关于加强高等学校辅导员班主任队伍建设的意见》和《普通高等学校辅导员队伍建设规定》，指出加强辅导员、班主任队伍建设，是加强和改进大学生思想政治教育的重要组织保证和长效机制，对全面贯彻党的教育方针，把大学生思想政治教育的各项任务落到实处，具有十分重要的意义。教育部要求各高校要认真做好辅导员、班主任的选聘配备工作。专职辅导员总体上按1：200的比例配备，保证每个院（系）的每个年级都有一定数量的专职辅导员，同时每个班级要配备一名兼职班主任。教育部要求各地教育部门和高校要制定辅导员、班主任培训规划，建立分层次、多形式的培训体系；还要创造条件，积极组织辅导员、班主任参加社会实践和学习考察，使他们提高解决实际问题的能力，增长做好思想政治教育工作的才干；要切实为辅导员、班主任工作和发展提供政策保障，为辅导员、班主任队伍建设创造必要条件。

国家的大政方针一方面充分肯定了高校学生管理工作队伍的作用，将这支队伍建设的重要性上升到能够促进和保障科教兴国和人才强国战略的实施的高度，上升到中国特色社会主义事业的兴旺发达和后继有人的高度，另一方面明确提出了这支队伍具体的建设和培养方向。

（二）必须不断加强高校辅导员、班主任队伍建设

1.加强辅导员、班主任队伍建设的重要意义

辅导员、班主任是高等学校教师队伍的重要组成部分，是高等学校开展学生德育工作、开展学生思想政治教育的骨干力量，是高校日常学生思想政治教

育和管理工作的组织者、实施者和指导者，是大学生健康成长的指导者和引路人。加强辅导员、班主任队伍建设，是加强和改进大学生思想政治教育和维护高校稳定的重要组织保证，对于全面贯彻党的教育方针，把大学生思想政治教育的各项任务落到实处，具有十分重要的意义。

2.高度重视辅导员、班主任队伍的选聘配备

辅导员、班主任工作在大学生思想政治教育和管理的第一线，在思想、学习和生活等方面负有指导学生、关心学生的责任。学校要高度重视对辅导员、班主任的选聘，要坚持政治强、业务精、纪律严、作风正的标准，把德才兼备、乐于奉献、潜心教书育人、热爱大学生思想政治教育事业的人员选聘到辅导员、班主任队伍中来。要在保证数量的基础上，不断优化结构，提高辅导员、班主任的工作能力和水平。

辅导员、班主任的选聘应当坚持的标准有：一是政治强、业务精、纪律严、作风正；二是具备本科以上学历，德才兼备，乐于奉献，潜心教书育人，热爱大学生思想政治教育事业；三是具有相关的学科专业背景，具备较强的组织管理能力和语言、文字表达能力，接受过系统的岗位培训并取得合格证书。

3.明确辅导员、班主任的工作要求和工作职责

辅导员、班主任的工作要求有：一是认真做好学生日常思想政治教育及服务育人工作，加强班级建设和管理；二是遵循大学生思想政治教育规律，坚持继承与创新相结合，创造性地开展工作，促进学生健康成长与成才；三是主动学习和掌握大学生思想政治教育方面的理论与方法，不断提高工作技能和水平；四是定期开展相关工作调查和研究，分析工作对象和工作条件的变化，及时调整工作思路和方法；五是注重运用各种新的工作载体，特别是网络等现代科学技术和手段，努力拓展工作途径，贴近实际、贴近生活、贴近学生，提高工作的针对性和实效性，增强工作的吸引力和感染力。

辅导员、班主任的主要工作职责有：一是帮助学生树立正确的世界观、人生观、价值观，确立在中国共产党领导下走中国特色社会主义道路、实现中华民族伟大复兴的共同理想和坚定信念。积极引导学生不断追求更高的目标，使他们树立共产主义的远大理想，确立马克思主义的坚定信念。二是帮助学生养成良好的道德品质。经常性地开展谈心活动，引导学生养成良好的心理品质和自尊、自爱、自律、自强的优良品格，增强学生克服困难、经受考验、承受挫折的能力，有针对性地帮助学生处理好学习成才、择业交友、健康生活等方面的具体问题，提高思想认识和精神境界。三是了解和掌握学生思想政治状况，针对学生关心的热点、焦点问题，及时进行教育和引导，化解矛盾冲突，处理有关突发事件，维护好校园安全和稳定。四是落实好对经济困难学生资助的有关工作，组织好学生勤工助学，积极帮助经济困难学生完成学业。五是积极开展就业指导和服务工作，为学生提供高效优质的就业指导和信息服务，帮助学生树立正确的就业观念。六是积极开展以班级为基础，以学生为主体的活动，发挥班集体在大学生思想政治教育中的基层组织力量。七是组织协调思想政治理论课教师等工作骨干共同做好经常性的思想政治工作，在学生中开展形式多样的教育活动。八是指导学生党支部、团支部和班委会建设，做好学生骨干培养工作，激发学生参与管理工作的积极性和主动性。

4.大力加强辅导员、班主任队伍的培养培训工作

加强辅导员、班主任的培养培训，是加强辅导员、班主任队伍建设的关键。要重点组织辅导员、班主任学习马克思列宁主义、毛泽东思想、邓小平理论和"三个代表"重要思想、科学发展观，以及习近平新时代中国特色社会主义思想，学习时事政策，学习管理学、教育学、社会学和心理学，以及就业指导、学生事务管理等方面的知识，组织辅导员、班主任开展与工作相关的科学研究，不断提高辅导员、班主任的思想政治素质和业务素质。

要为辅导员、班主任队伍建设创造条件，积极组织辅导员、班主任参加社会实践和学习考察，使他们开阔视野，拓展思路，提高解决实际问题的能力，增长做好学生管理工作的才干。要制定并落实辅导员、班主任参加实践锻炼的具体办法。要积极创造条件，支持辅导员参加挂职锻炼和学习考察等活动。

5.切实为辅导员、班主任工作和发展提供政策保障

制定促进辅导员、班主任工作和发展的政策，是加强辅导员、班主任队伍建设的保障。要切实解决好辅导员评聘教师职务问题，根据辅导员岗位职责要求，进一步完善相应的专业技术职务评聘标准。

要统筹规划专职辅导员的发展，鼓励和支持一批骨干攻读相关学位和业务进修，长期从事辅导员工作，向职业化、专家化方向发展。要把专职辅导员队伍作为党政后备干部培养和选拔的重要来源。

要创造条件为辅导员、班主任获取工作信息和资料提供方便。通过多种渠道，帮助辅导员、班主任了解国际国内形势、党和国家的方针政策，以及各地与高等学校工作有关的好经验、好做法。

要完善辅导员、班主任评优奖励制度。将优秀辅导员、班主任表彰奖励纳入各级教师、教育工作者表彰奖励体系中，要树立辅导员、班主任先进典型，宣传他们的先进事迹，充分肯定辅导员、班主任在大学生思想政治教育中的贡献。

要加强对辅导员、班主任队伍的管理，完善辅导员、班主任的考核制度，定期对辅导员、班主任进行工作考核。

三、高校学生管理工作者素质的建设

一个学校，能否把学生培养成为充满朝气的，有开拓和创新精神的，德、智、体、美、劳全面发展的人才，在很大程度上取决于各级学生管理干部的素质。高校需要那些能够遵循教育规律，按照党的方针政策办事，熟悉高校的教育、教学活动和学生思想状况，具有一定的马克思主义理论素养，掌握一定的专业知识、教育管理知识，作风正派，处事民主，事业心和责任感强，大公无私，富有创造精神、科学精神和自我牺牲精神的德才兼备的管理工作者来开展学生管理工作。因此，必须大力加强学生管理队伍的素质培养，努力建设一支政治素质过硬、理想信念坚定、作风优良的科学化、高效率的学生管理队伍。

（一）高校学生管理工作者应提高自身素质修养的原因

社会环境的不断变化，不仅引起了人们经济生活的重大改变，而且还引起了人们生活方式、思维方式和精神状态的重大改变。这些变化促使高校学生管理系统中的学生管理干部因素和青年学生因素空前地活跃起来，成为高校学生管理活动中最有生机而又不甚稳定的因素。

随着现代科学技术的迅速发展，网络等社会传播媒介的作用不断加强，高校学生管理活动也将受到越来越大的冲击。在这种形势面前，若只用传统的管理思想、管理方法、管理手段去展开经验管理，势必会遇到不可解决的矛盾，因此，高校学生管理工作者必须加强素质修养，完善自己的知识结构，更新工作理念，改进工作方法，以改善学生管理效果。

1.高校学生管理工作本质的要求

高校学生管理工作是培育人的工作，必然要求管理工作者首先具有较高的素质修养。高校的根本任务就是为社会主义建设培养大量全面发展的人才，为社会主义建设各条战线输送骨干力量。因此，高校毕业生的政治思想素质、精神状态等与国家和民族的未来有着密不可分的关系。高校学生管理工作者和教学工作者都肩负着重要的使命，广大学生管理工作者必须善于研究学生思想和行为的活动规律，既要善于掌握学生共有的思想活动规律，又要了解不同学生不同的思想活动规律；既要了解学生共有的心理活动，又要了解不同学生的差异化心理活动，并根据学生思想和心理活动的共性和特性，有的放矢地开展管理、教育工作。

显然，高校学生管理工作比一般管理工作复杂得多，也困难得多，它必然对学生管理干部有较高层次的素质修养的要求。如果学生管理干部的水平无法满足实际需要，那他们在学生中的威信就不会高，工作也将难以开展。任何管理工作都需要管理人员具备特殊的本领，管理人员必须是内行，要精通生产的一切条件，要懂得现代的生产技术，要有一定的科学修养。一个好的教师不一定是一个好的管理干部，而一个好的管理干部必须是一个好的教师。因此，管理工作者一方面要不断提高对管理工作的认识，下决心选拔品学兼优的毕业生和业务教师来充实管理队伍；另一方面要加强自身的素质修养，努力学习并掌握自己所从事工作必需的科学知识和业务知识，并逐步精通其客观规律，成为学生管理工作的专家。

2.高校学生管理工作过程的要求

高校学生管理是个"言传""身教"的过程，必然要求管理工作者全面加强自身素质修养。在高校学生管理工作中，"言传"是很重要的，如果没有马克思主义的基本理论、党的教育方针，以及有关高校学生管理制度和规定的宣传、教育，学生就很难自觉地规范自身行为。

但是，高校学生管理系统作为"人—人"管理系统，与"人—机"系统有着本质上的区别。"人—人"管理系统的工作对象是一个个有思想、有个性的朝气蓬勃的青年人，青年人的特点是愿意获得教益，"身教"重于"言传"。如果没有管理工作者的率先垂范，身体力行，那么"言传"就会成为"说教"，就难以产生显著的效果。因此，学生管理工作者不仅要具有较高的思想理论素养，而且还要有良好的作风和品德修养，在这些综合素养基础上形成自己的人格魅力，来吸引学生、教育学生，真正使自己既是教育者又是实践者，从而达到良好的管理效果。

由此可见，如果一个人十分注意自己的思想意识和道德品质修养，注意理论学习和吸收新的知识，不断改造自我主观世界，不断完善自我知识结构，不断改善管理工作方法，那么他必然是一个深受广大高校学生欢迎的、卓有成效的管理工作者。

3.高校学生管理工作环境的要求

新形势、新环境下的学生管理工作，必然要求管理工作者的素质修养具有时代精神。应当承认，当我们还没完全学会许多新的管理内容、管理形式和管理方法的时候，实际生活又为我们提出了许许多多新的理论、新的问题。管理工作者的管理对象也在发生变化，如今的高校学生较以前的学生来说，他们的政治素质、文化水平、专业知识等都在不断地变化和提高，他们对社会生活的介入越来越深，他们的思想、观点等同社会进步、国家兴衰有着紧密的联系。因此，高校学生管理工作迎来了一定的挑战，高校学生管理工作者需要加强管理的预见性、警觉性、原则性、示范性，需要更新观念，跟上时代，增加知识，提高本领。

目前，党和国家要求高校学生管理工作要联系实际，要融入专业教学，要和思想政治教育紧密结合，高校要努力创造一个和谐、健康、向上的育人环境，要有处理突发事件的能力等，所有这些，都为高校学生管理工作提供了很大的开拓空间。毫无疑问，这对高校学生管理工作者的素质修养提出了更高的要求。

应当说，大多数学生管理工作者是具有良好的素质修养的。但是，即使是对马克思主义理论了解比较深的，无产阶级立场比较坚定的人，也必须坚持学习，接受新事物，研究新问题。提高素质修养是永无止境的，高校学生管理工作者要具有强烈的时代精神，以一个日益发展的现代世界为坐标，来看待人们素质修养的提高，要及时调整工作姿态和知识结构，及时而科学地吸收人类创造的精神文明，使自己具备自我调节、改革自身的能力，不断地进行素质结构的新陈代谢，在提高学生的思想、政治、文化素质方面积极地发挥应有的作用。

（二）高校提高学生管理工作者素质的基本途径

加强学生管理工作者的基本素质培养，不仅能提高个人修养，而且还直接关系到学生管理队伍的管理效果和威信。因此，提高学生管理工作者的素质修养，是高校的一项长期任务，也是加强学生管理工作，更好地培养人才的当务之急。

要提高学生管理工作者的素质，使学生管理工作的科学化水平得到提高，除了需要管理工作者勤于读书、勇于实践、善于总结，不断追求素质的自我完善外，更需要各学校从战略高度认清提高学生管理工作者素质修养的意义，积极探索出能够达到目的的有效途径。

1. 开展全员培训

学生管理工作涉及的因素很多，是一个复杂的大系统。要完成这项具有较强的科学性和探索性的学生管理任务，学生管理工作者就不能仅仅具有文化知识和一般的管理经验，而且还应具有相当高的管理科学、教育科学及有关学科的理论素养，具有一定的科学研究的实践锻炼能力，具有一定的调查研究、系统分析、理论研究的能力。

要提高高校学生管理工作者的素质，必须通过全员培训。凡在高校中从事学生管理工作的干部，不论何种学历、职务、年龄、职别、岗位，都要无一例外地培养、提高自身管理素质。首先，全员培训包括上岗前的基础培训，目的是取得胜任学生管理岗位的资格；其次，经过一段时间的管理实践后，要进行人员培训，以便从广度和深度两方面增加管理人员的业务知识，提高管理人员的管理水平；最后是研讨性的培训，主要用以解决知识和理论的更新问题，通过研究讨论，促进学生管理工作者素质的提高。

2. 理论学习与研究实践相结合

理论学习与研究实践相结合的方法，要求高校一方面能提出学生管理工作中需要探索研究的课题，鼓励广大高校学生管理工作者踊跃选择课题，组织立项研究，并对立项研究的课题提供必要的文献资料，为学习有关理论创造必要的条件；另一方面，制定学生管理改革的研究立项和研究成果的评审、奖励制度，在评定优秀成果时，要审查其立项的理论依据和理论飞跃的科学性，以此激发广大高校学生管理工作者有针对性地学习相关科学理论的积极性。另外，高校还可以经常开展理论咨询、讨论等多种活动，组织学生管理工作者分析在学生管理过程中出现的实际问题，总结实践经验，进行理性概括。这样，高校就有可能通过研究实际问题提高学生管理工作者的理论修养和各方面的素质水平。

3.加强考核制度，实施奖励政策

要定期考核学生管理干部的管理知识和相应的专业知识，考核其管理工作的技能和管理实践能力，使其不断提高自身素质修养，利用管理水平的外在压力倒逼自己。对于一些在学生管理岗位上开展学生管理研究并取得成果，同时在管理实践中做出成绩的同志，应授予其相应的技术职务。学生管理干部晋升的标准，不仅要以已有的工作成绩为依据，而且还要考察其是否达到高水平的综合素质要求，并以此来测定和推断其对于新的重任所可能承担的最大系数。对在学生管理领域的研究工作中取得显著成绩和优秀成果的管理工作者，应与取得其他科研成果的工作者同等对待，给予其相应的表彰和奖励。

（三）高校学生管理工作者的素质要求

1.思想政治素质

思想政治素质是高校学生管理工作者应该具备的最基本的素质，具体包括以下几个方面：

（1）立场

所谓立场，就是一个人在观察和处理问题时所处的地位和所持的态度。学生管理工作者所从事的高校学生管理工作是一项培养人才的工作，具有很强的政治性。因此，学生管理工作者必须坚定地站在无产阶级立场上，忠诚于党的教育事业，全心全意为人民服务；必须在思想上和政治上与党中央保持一致，做好学生的教育和管理工作。

（2）思想观点

思想观点与立场是统一的，一定的立场决定一定的思想观点。只有确立坚定的立场，才能更好地去观察、研究和解决问题，这要求高校学生管理工作者必须树立正确的思想观点，坚持全心全意为人民服务，以党的群众路线为基本观点，这些也是做好学生管理工作的可靠的思想前提。

（3）政治品质

其主要表现是：忠于党和人民，在任何情况下坚持革命原则，对人、对事不带个人成见，不以个人好恶为转移，襟怀坦白，光明磊落。对于学生管理工作者来说，是否拥有高尚的政治品质不仅关系到个人的组织性修养，也直接关系到其能否按党的政策，把广大高校学生的好思多学的积极性引入正确的轨道，团结到党的周围。

（4）政策水平

政策水平主要指认识党的政策、理解党的政策、执行党的政策的水平，能够按照党的政策，结合学生实际情况，正确区分和处理不同性质的矛盾，正确区分政治问题、思想意识问题、认识问题和一般学术问题的界限，做好学生管理工作。

2.知识素质

高校学生管理工作既有理论性又有实践性，管理的对象是具有较高文化素质和丰富知识的青年学生，因此，高校学生管理工作者在总体上必须有相当高的知识水平。具体来说，高校学生管理工作者的知识素质包括以下几个方面：

（1）掌握马克思主义的理论基础

高等学校是各种政治思想、学术观点得到集中反映的地方，当代高校学生往往具有思想活跃、勤于思考等特点，他们愿意接受真理，但"服理不服压"，他们涉猎的知识面比较宽，但由于受社会阅历等限制，政策水平、理论修养、判别能力等较低。

因此，学生管理工作者只有努力学习马克思主义基本理论，"不惟明字句，而且得精神"，自觉而牢固地将马克思主义的立场、观点、方法用于学生管理工作，才能在各种思想观点面前目光敏锐，明辨是非，站稳立场。

（2）掌握学生管理方面的知识

高校学生管理工作者要掌握一些管理的科学与艺术，掌握管理的技术和方法；要了解教育学、心理学、社会学等学科知识，使自己具有决策、计划、组织、指挥等实际管理能力。高校学生管理工作者应努力学习，提高自己管理专业知识方面的基本素质，提高自己的管理才能，使自己成为合格的管理者。

（3）了解与学生专业有关的基础知识，掌握教学规律

有条件的高校学生管理工作者还可兼任一些教学工作，如"两课"（指我国现阶段在普通高校开设的马克思主义理论课和思想政治教育课）的教学或专业课的教学，从而有利于将学生管理与业务学习有机地结合起来，并建立威信。

（4）掌握与学生兴趣、爱好有关的知识

高校学生管理工作者应当掌握诸如文学、史学、艺术、体育等学科知识。当代高校学生喜欢从一些人物传记、格言和文学艺术作品中找到自己的影子和楷模，高校学生管理工作者可运用这些元素帮助学生加深对问题的理解，也能与学生有更多的共同语言，使管理工作更有成效。

3.能力素质

能力素质是指高校学生管理工作者需要以马克思主义为指导，运用各种知识，独立地从事管理工作，开拓前进，具备解决现实问题的本领。对高校学生管理工作者来说，自身的能力素质，最集中地体现在管理能力上。在复杂的环境下，这种管理能力在两方面表现得十分突出，具体如下：

（1）综合能力

高校学生管理工作者面对的高校学生数量众多、情况各异。这些高校学生由于家庭环境、个人阅历、政治面貌、品质性格、志趣爱好及年龄上的差异，对社会、学校、家庭等各种事物的反映也不同，从而构成了千差万别的思想，并在学习、生活等方面反映出来。

（2）分析研究能力

分析研究能力包括调查研究能力和理论研究能力。调查研究能力主要指高校学生管理工作者深入学生之中，掌握第一手材料，经过分析和综合研究，全面掌握高校学生情况的能力。理论研究能力主要是指高校学生管理工作者结合实际工作，独立进行分析研究，并使之上升到理论的能力。高校学生管理工作

者通过研究，找出管理工作的规律，以推动学科的发展，指导管理工作。

4.道德素质和性格修养

高校学生管理工作者必须具备高尚的道德素质和良好的性格修养，这不仅对做好管理工作本身大有益处，而且能够对青年学生产生教育作用，意义更为重大。学生管理工作者为人师表，要谦虚谨慎，勤勉好学，实事求是，作风正派，办事公正，吃苦在前、享受在后，待人热诚，举止文明，广大青年学生能够从他们的言行中，汲取良好道德品质的营养。

高校学生通常知识理论水平较高，认识能力较强，他们对管理者的工作具备相当的评价能力，从这种意义上说，高校学生管理工作者经常处于被彻底剖析、被严格监督的地位，经常会听到严肃的批评意见。因此，高校管理工作者只有胸怀坦荡，宽容虚心，经得起批评，才能增强管理工作能力。

第三章 高校学生学习管理

高校学生学习管理是高校中非常重要的一项管理活动。如何在知识经济的社会环境下，体现学生学习的自主性和培养学生的学习能力，帮助学生养成终身学习的习惯，如何使学生和学校进行有效的学习管理，都是目前高校学生学习管理工作需要解决的问题。

第一节 高校学生学习概述

一、高校学生学习的特点

（一）学习目的具有全面性

在国际 21 世纪教育委员会提出的"21 世纪教育的宗旨及对学习者的建议"中，把学会求知、学会做事、学会共处、学会做人作为 21 世纪教育的四大支柱。高校学生只有学会求知、学会做事、学会共处、学会做人，具有良好的个性品质、精深的专业知识、较强的创新精神和实践能力，才能适应社会发展的需要，成为全面发展的专门人才。

1. 学会求知

学会求知就是"学会如何学习",明白自己为什么学、学什么、怎么学,能够不断提出问题,进而不断解决问题,学以致用。学会求知是信息时代知识社会对高校学生的必然要求,是高校学生学习的主要目标,也是高校学生胜任未来工作和可持续发展的关键。

2. 学会做事

学会做事就是知道自己为什么做事、应该做什么事、怎样做事。学会做事要求高校学生从眼前做起,从细节做起,而且只有用心、有恒心、细心,才能成功。

3. 学会共处

学会共处就是学会与他人一起生存、发展,学会生活、交往,学会关心自己、关心他人、关心社会、关心环境、关心人类,与外界和谐相处。

4. 学会做人

学会做人就是学会自理、自立、自主、自制、自信、自律、自强,热爱生命,感激生活的给予,珍惜亲情和友情,关心和体贴父母,承担自己应尽的责任,做一个堂堂正正的人。

(二)学习内容专且博

高校学生的学习是一种高层次的专业性学习,这种专业性是随着社会要求的变化和发展而不断深入的。在高校,学生的知识体系不断更新,知识面越来越宽。学生一进入高校就有一个专业方向,他们的学习活动基本都是围绕这个专业方向来安排的。每个专业都有自己的培养计划,对本专业的专业性质、培养目标、课程安排和教育环节等做出了明确规定。学生对自己的专业是否有兴趣,是否学得扎实牢固,会直接影响他们的学习热情,进而影响他们的人生发展。

有的学生就读的是自己喜欢或擅长的专业,有的学生则是出于就业或经济上的考虑而选择了自己不太喜欢或不太擅长的专业。但对任何学生来说，既然选择了某一个专业，掌握精深的专业知识就是其首要任务，也是其未来职业发展的需要。

高校学生的学习是一种广泛性学习。在科学技术迅猛发展的今天，知识和技术不断分化，学科门类不断增多，信息浩如烟海，社会职业变动加快，人员流动性加大，这就要求劳动者具有较广博的知识和多方面的才能。因此，每个学生都应广泛学习，掌握多种本领，既要学习专业知识，又要学习科技文化知识，不断拓展知识面；既要学习书本知识，又要学习社会知识，推进个体社会化；既要培养学习能力、研究能力，又要培养工作能力、创造能力，提高综合素质。

（三）学习形式具有多样性

高校学生的学习形式是多种多样的，课堂学习是学生获取知识的主要渠道，但不是唯一渠道。除了课堂学习，学生还可以通过自学、参观、上网、实习、听讲座、做实验、参加调研活动和社团活动等形式进行学习。

多种多样的学习形式是由学习内容专且博的需要产生的，对形成和完善学生的知识能力结构，提高学生的综合素质起到了很好的促进作用。特别是自学这一形式，是高校学习区别于中小学学习的重要特点，它不仅是学生消化和吸收知识的重要渠道，而且是培养学生创造性和独立性的主要途径。在高校，无论是课堂学习，还是课外学习，都离不开学生的自学。学生的自学意识和自学能力如何，直接影响其学习状态和未来发展。

（四）学习过程具有自主性

在高校学生的学习生活中，无论是学习内容、学习方式还是学习时间，都更加强调个体的自主性。自主性的学习方式贯穿于高校学生学习的整个过程，并反映在高校学生学习生活的各个方面。学习过程的自主性主要表现在以下几个方面：

1.学生对学习内容有一定的选择权

高校的课程安排既有一定的必修课，又有大量的选修课，还有丰富多样的讲座，学生可以根据自己的成长规划、兴趣爱好，有选择地听课、学习。

2.强调学生学习过程的能动性

在高校，教师授课之后的知识理解、巩固、应用等环节，主要靠学生独立自主完成，这就需要学生有较强的学习自觉性和能动性。

3.学生对学习时间的安排有较大的自主性

在高校，课堂讲授的时间较少，由学生自由支配的时间较多，这就需要学生充分发挥主观能动性，统筹规划，合理安排自己的学习时间，充分提高学习效率。

4.学生要养成自主学习的良好习惯

学生自我评价学习效果，自我总结学习经验，养成自主学习的良好习惯。高校学生能否发挥学习的自主性，已经成为衡量其学业拓展能力高低的重要指标。

（五）思维活动求创新

创新是一个综合性概念，是新思维的结果，与认识、分析、记忆和处理事物的综合智力有关，也与人的求知欲、独立性、灵活性、观察力、坚韧性等非智力因素密不可分。高等教育重视培养学生思考、探索问题的本领，要求学生不仅要掌握所学的知识，还要掌握知识的形成过程，了解专业的发展状况、存在的问题和解决这些问题的策略，掌握专业的研究方法，形成独立思考、探索创新的精神。在学科教学中，高校教师会向学生介绍自己的研究成果和国内外本学科、本专业的最新研究动向、成果及趋势，引导学生跨入本学科的前沿阵地，激发学生的创造热情，为学生以后从事创造性工作打下基础。因此，高校学生在学习过程中要不断激发自己的创新意识，敢于质疑，不盲从他人；敢于突破思维定式,力求有自己独特的见解。

二、高校学生学习的原则

(一)目标明确

美国马里兰大学管理学兼心理学教授埃德温·洛克在 20 世纪 60 年代提出了目标设置理论,简称目标理论。埃德温·洛克与同事在研究中发现,外来的刺激因素(如奖励、工作反馈、监督的压力等)都是通过目标影响动机的。目标能引导活动指向与目标有关的行为,使人们根据难度的大小来调整努力的程度,并影响行为的持久性。在一系列科学研究的基础上,埃德温·洛克提出了目标理论,认为目标本身就具有激励作用,目标能把人的需要转变为动机,使人们的行为朝着一定的方向努力,并将自己的行为结果与既定的目标相对照,及时进行调整和修正,从而能实现目标。这种使需要转化为动机,再由动机支配行为以达成目标的过程就是目标激励。从激励的效果来看,有目标比没有目标好,具体的目标比空泛的目标好,能被执行者接受而又有较高难度的目标比触手可及的目标好,自己制定的目标比别人强加的目标好。

高校学生要清醒地认识到自己的社会责任,根据实际情况和自身条件,规划出自己应该达到的总目标,并将总目标分解为阶段目标,如学年目标、学期目标、月目标、周目标、日目标,并逐步落实,不断推进。

(二)循序渐进

学习是一项认识活动,人们对事物的认识总是由表及里、由现象到本质的。高校的任何学科都有其自身的逻辑性和系统性,往往先学课程是后学课程的基础,后学课程则是先学课程的延伸。因此,学生在学习过程中要遵循循序渐进的原则,根据各门学科的知识结构、认识活动的规律,由浅入深、由低到高系统地掌握知识技能、发展能力。正所谓"凡事预则立,不预则废",学生想做到循序渐进地学习,就要根据自己已有的知识结构和能力特点,制订好学习计划,选定学习的方向和内容,安排好学习日程。学生循序渐进地完成学习计划,可以为自身发展打好基础。

（三）博约相济

博约相济是指学习要博与精相结合。博学与专精之间是相辅相成、相互促进的对立统一关系,博学是专精的基础,专精是博学的归宿。只有把博学与专精结合起来,才能形成最佳的知识和智能结构。为此,高校学生要加强对基础理论的学习,博览群书,多闻多见,上至"天地万物之理",下至"修己治人之方"皆为学习内容。同时,高校学生也要学有中心,术业有专攻,对专业知识有透彻的理解,这样才能将自己培养成为基础知识扎实、知识面宽、技术过硬、适应能力强的合格人才。

（四）学思结合

学思结合就是在学习过程中,学生要把接受知识、理解知识和巩固知识结合起来,把学习和思考结合起来。要做到学思结合,学生首先要扩大阅读量,多观察,多实践,以获取丰富而正确的感性知识;其次,要学会运用分析与综合、比较与归类、抽象与概括、归纳与演绎等思维方法,勤于思考,将感性知识上升为理性知识,掌握事物的本质特征和发展规律;最后,要善于发现问题,抓住事物之间的主要矛盾,运用有效的方法去解决问题,发展自己的创造性思维。

（五）温故知新

温故知新就是要经常复习巩固。复习和综合思考不仅有利于个体巩固学过的知识,而且可以促进个体对各种知识的融会贯通,形成知识系统,以便个体在运用（如考试或解决实际问题）的时候能够随时"提取"。当然,在复习巩固时,高校学生不能用死记硬背的方式去记忆词语、定义、原理及案例分析等,这种方式是不科学的，高校学生虽然可以用这种方式一时记住教材的知识点，但容易遗忘。高校学生在复习巩固时应当围绕学科多阅读相关书籍验证所学知识，加深对所学知识的理解。

（六）知行合一

知行合一就是要求高校学生把学习理论知识和参加社会实践结合起来，做到学用一致、学以致用。只有知行合一，才能获得真知。清代教育家、思想家颜元曾说："读得书来，口会说，笔会作，都不济事，须是身上行出，方算学问。"高校学生要做到知行合一，一方面要重视对书本知识、理论知识的学习，把握事物的发展规律；另一方面要把书本知识应用到实践中去，通过实践验证和巩固理论知识，培养自己的创新精神，提高自己解决问题的能力。

三、高校学生学习计划的制订与落实

（一）制订学习计划的作用

人们在做任何事情之前，都应该有个计划，学习也不例外。一个人有无学习计划，学习效果是大不相同的。制订学习计划主要有以下四个作用：

1.有利于学习目标的实现

学习计划能使学生进一步明确学习任务，产生更加强烈的实现学习目标的愿望，从而自觉地学习。学习的计划性越强，目标就越明确，学生勤奋学习的动力就越大，目标就越容易达到。

2.有利于学习成效的提高

学习计划中应当对学习的方向、目标、内容、进度、方法等有明确的规定，使学生明确什么时间该干什么，什么时间应达到什么要求，有序地安排学习活动，减少时间浪费，提高学习效率。

3.有利于良好学习习惯的养成

有了学习计划并能认真执行，高校学生的学习生活就有了规律，只要长期坚持，就会养成良好的学习习惯。

4.有利于良好意志品质的形成

学习是一种脑力劳动，总会遇到各种冲突和矛盾，这就要求高校学生要努力抵制诱惑，排除困难和干扰，把计划进行到底。良好的意志品质是学习取得成功的重要保证，成功的学习又能促进学生良好意志品质的形成和发展。

（二）制订学习计划应注意的问题

一般来说，学习计划由目标说明和时间安排两部分组成，制订学习计划应注意以下几个问题：

1.分析自我，找准目标定位

制订学习计划首先是从确定学习目标开始的。每个学生都要认真思考自己的人生目标是什么，在高校的发展目标是什么，每个学年、每个学期的目标又是什么。为此，学生要认真分析自己的学习基础、学习现状和学习特点，做到既"仰望星空"，又"脚踏实地"，确定的目标既不能过高也不能过低，必须是经过努力可以达到的。

2.突出重点，科学分配时间

学习是无限的，而时间是有限的。制订的学习计划最终要将学习内容分配到各个时间段内，以进程表的形式呈现出来。因此，在制订学习计划时，学生要科学合理地分配时间，做到突出重点、兼顾一般、留有余地，既要考虑学习，也要考虑休息和娱乐；既要考虑课内学习，也要考虑课外学习，还要考虑社会交往、公益活动等的时间分配，提高时间的利用率。

3.统筹兼顾，长计划短安排

在一个学年、一个学期里，究竟要完成哪些任务，达到什么水平，学生都应有大致的计划。但仅有长远的计划是不够的,还要做到长计划短安排。有了具体的安排,学生所制订的长远计划才可以逐步得到实现;有了长远的计划,学生在完成具体的学习任务时,心中才会有明确的目标和方向。

(三)学习计划的落实

制订计划是开始,落实计划是关键。为了让自己的学习计划得以顺利实施,不断提高学习成效,高校学生应从以下几个方面来落实学习计划:

1.立即行动

在制订计划之后,要立即采取行动。反之,如果将计划束之高阁,那么它只是一个计划而已,目标自然难以实现。在现实中,许多人都有宏伟的目标,也有相应的行动计划,但是他们没有成功,最根本的原因就是他们没有采取行动。

2.贵在坚持

在实施学习计划的过程中,高校学生经常会受到各种事物的干扰,如过多的社交活动、吸引人的网络游戏等。这就要求高校学生必须有一以贯之的恒心和毅力,用顽强的意志控制自己,排除一切干扰,始终朝着既定的目标、按照制订的计划前进。

3.勤于检查

在实施学习计划的过程中,高校学生要勤于检查,每天都要回想一下当天的学习计划执行情况,每到一个阶段就做一次检查,在学期结束时做总结性检查,主要检查自己完成了哪些计划任务,花了多少时间,时间利用率如何,效果怎么样,怎么改进,等等。这是保证学习计划得到切实执行的有效措施,也是自我控制的有效方法。

4.适时调整

在实施学习计划的过程中,高校学生会遇到一些意想不到的问题,如学校教学计划的修改、调整,某个教学环节的变动,学习中出现的一些困难和问题,等等。这时，就需要对学习计划进行适当的调整，使之更具有可行性，以保证学习目标的达成。

第二节 高校学生学习管理简述

对于高校学生来说，学习是他们在高校阶段最重要、最关键的活动内容。尽管高校学生的学习是按照学校既定的教学计划和教师的安排进行的，但已经不再像中学时那样把大量的时间用在完成教师布置的任务上，高校学生有相当多的自由支配时间，这决定了高校学生要有较强的自学能力和制订学习计划的能力，要能够合理地安排自己的学习时间。高校学生的学习活动是学生在高校这个特定的学习环境里的一种专心地以掌握专业知识和技能为特征的社会活动。高校对学生学习的计划、组织、控制、激励，都将对学生的学习产生影响。因此，高校怎样进行有效的学生学习管理，是一个重要的问题。同时，面对知识经济的冲击，对高校学生采用最有效、最优化的学习管理，也能满足社会发展和促使学生更好地适应社会的需要。

一、高校学生学习管理的概念

高校学生学习管理的概念主要是由管理学中的管理概念演化而来的，它是指通过计划、组织、控制、激励等职能协调高校学生的学习行为，以期达到学习目标的过程。高校学生学习管理包括以下几层含义：

（一）管理的对象是学习行为

高校学生学习管理的一切管理活动都围绕着高校学生学习行为展开。学习管理的对象是学习行为，计划、组织、控制、激励等职能都有利于这种行为的有效进行，能够保证学习行为取得一个令人满意的结果。

（二）管理的主体是参与学习行为的人或组织

高校学生学习管理的主体应是学生和学校。学习行为的主体是学生，所以首先对学习进行有效管理的应是学生；而学生学习行为的发生主要是在学校的参与下进行的，并且学生的学习行为受学校管理的影响很大，所以学校也应是学习管理的主体。学习管理中的两个主体都围绕着学生的学习行为采取各种措施，并相互协调，使学生的学习行为取得良好的结果。

（三）管理活动的职能是计划、组织、控制、激励

计划、组织、控制、激励是高校学生学习管理的四个基本职能。所谓职能，是指人、事物或机构应有的作用，每个管理者在工作时都是在执行这些职能中的一个或几个。计划职能就是对将来的趋势进行预测，根据预测的结果建立目标，然后制定各种方案和具体步骤，以保证目标的实现。组织职能一方面是指为了实施计划而建立起来的一种结构，这种结构在很大程度上决定着计划能否得以实现；另一方面是指为了实现计划目标而进行的组织过程。控制职能包括制定各种控制标准，检查工作是否按计划进行，是否符合既定的标准等。若控制对象的活动发生偏差，则要及时发现和分析偏差产生的原因，纠正偏差或制订新的计划，以确保目标的实现。激励职能主要是针对管理活动中的学生来讲的，指的是通过激励学生，激发和调动他们的积极性，使他们的个人目标与管理目标统一起来，保证管理活动协调进行。

（四）管理的目的是实现学习目标

学习目标是通过有效的管理活动实现的。高校学生根据个人需求和社会需求，在高校给定的环境下，充分发挥个人的学习管理才能，进行有效的学习。同时，学生个人的学习又受到高校学习管理的统辖。高校会根据人力、物力、财力水平，制定符合高校本身和社会需要的学习管理制度，这种制度为学生的学习提供了一种支持系统。因此，个人和高校有效的学习管理，最终保障了高校学生学习目标和高校培养目标的统一，进而保障了令人满意的学习结果。

二、高校学生学习管理的原则

高校学生学习管理是高校学生管理中的重点，要想对学生的学习进行有效管理，就必须遵循科学的管理原则，这些原则既要结合学生的特点，又要满足高校总的人才培养方向和要求，具体有以下几个原则：

（一）自主性原则

自主性原则是高校学生学习管理的首要原则，是指高校学生学习管理应以充分发挥学生自我学习管理为手段，为促使学生取得好的学习结果创造一切有利的条件。高校学生学习是以教师为主导、以学生为主体进行的，所以在学习的内容、时间及方式等方面都强调学生承担的角色，强调学生学习的自觉性和能动性。因此，高校在进行学生学习管理时，要将学校对学生的学习管理和学生的自我学习管理有机结合起来，注重发挥学生自我学习管理的能动性。

（二）系统性原则

系统性原则是指高校学生学习管理应是一个系统的工程，包含个人、学校、社会等各个部分，必须协调各部分之间的关系，建立良好的组织结构，以达到学习活动的最优结果。

（三）价值性原则

价值性原则是高校学生学习管理最应该体现的原则，是指学习管理活动应在很大程度上满足管理主体的需要，体现学习管理活动与管理主体之间的效用关系。任何管理活动的存在、作用及发展变化，都是为了满足管理活动主体的需要。因此，高校在进行学生学习管理时，应充分发挥学生、社会的作用，以人为本，发挥人的激情，注重人的利益，满足人的需要。

（四）针对性原则

针对性原则是高校学生学习管理中特有的原则，是指高校学生学习管理活动应针对学生的生理及心理情况分阶段进行。针对性原则体现了管理活动中对组织结构的分层管理，同时也体现了管理活动要基于事实的哲学理念。高校时期是学生智力水平提高、记忆功能增强、抽象思维获得重大发展、分析综合能力明显提高的时期。进入高校学习的学生，要经历入学期、稳定发展期和毕业前期三个阶段。因此，高校要根据学生的生理、心理适应性，有针对性地对学生进行学习管理，从而使学生获得最佳的学习效果。

（五）定性管理与定量管理相结合的原则

定性管理与定量管理相结合的原则是从管理手段的角度考虑的。长期以来，各级学校对学生的学习管理基本上采用单一的定量管理，比如通过试卷进行测试和考查等，这种单一的定量管理在很大程度上导致了学生过分追求分数、追求排名，助长了不良的学习风气，导致学生没有真正获得良好的学习结果。一些高校也仅根据学生试卷的分数来确定教学计划、进行教学评估等，导致学习管理活动在很大程度上不能真正有效地促进学生的全面发展。由于对人的学习管理是一项较为复杂的系统工程，许多问题仅靠定量分析还难以解决，所以定性管理的作用不可忽视。随着高校学生管理理念的不断变化，在高校学生学习管理活动中，定性管理的应用增强了高校学生学习管理活动的有效性，高校应在将定性分析作为前提和归宿的基础上，以定量分析深化对定性分析的认识，将二者紧密结合，使它们在管理中共同发挥作用。

三、高校学生学习管理的方法

只有采取合理有效的方法，才能体现高校学生学习管理的原则，取得令人满意的管理结果，适应学生、学校、社会的需要。高校学生学习管理的方法主要有两种，一种是分阶段管理，另一种是系统管理。

（一）分阶段管理

分阶段管理是指将学生的学习管理分为入学期、稳定发展期和毕业前期三个阶段，在不同阶段采用不同的手段和方法，使高校学生学习管理得到有效优化。分阶段管理最大限度地体现了学生学习管理中的针对性原则，同时在管理活动进行的过程中，也体现了自主性原则、系统性原则、价值性原则、定性管理与定量管理相结合的原则。

1.入学期的学习管理

入学期的学习管理主要是从使学生树立正确的学习态度，掌握正确的学习方法入手的。很多学生在步入高校后，面对自由的学习环境、浩瀚的知识海洋，在学习态度和学习方法上产生了困惑、焦虑。在这个时期及时地了解学生、帮助学生，将会对学生之后的学习起到良好的铺垫作用。

2.稳定发展期的学习管理

学生通常需要用半年甚至一年的时间来适应高校的环境，然后开始步入稳定发展期。在这个阶段，学生有着强烈的求知欲，因此这个阶段的学习管理应注意处理好专业与兴趣爱好、全面发展与个性发展的关系，不仅要使学生学到知识，还要培养他们的能力。

3.毕业前期的学习管理

毕业前期,学生面对就业、考研等选择,出现了不同程度的"学习动荡",例如,一些学生忙于找工作,认为只要有一个工作,学习与否已经不重要;一些学生忙于考研,埋头苦干,准备研究生考试,而忽略应该在这个阶段学习的专业课。因此,在这个"动荡"的阶段,高校更应该稳定学生的学习状态,在他们步入不同环境之前,一方面抓好教学计划中的学习管理,另一方面为学生提供进入不同环境所需的知识,如开设英语辅导班、交际礼仪指导课程等,帮助学生为走向另一片天地做准备。

(二) 系统管理

系统管理主要是指把系统科学的理念注入学生学习管理中,把学生学习管理看作一个系统工程。高校学生学习系统管理将学习行为与学生、学校、社会看作一个整体,其中,学校和社会为学生的学习提供支持系统。

系统管理主要体现了以下几种思想:

第一,学习管理系统中有学习行为、学生和支持系统三部分,学习行为是这个系统的中心,学生和支持系统的活动都是围绕学习行为进行的。学习行为、学生、支持系统之间有着密切的联系。

第二,在学生学习管理系统中,学习的主体是学生,学生对学习行为进行有效管理,会取得理想的学习效果。理想的学习效果会激发学生的积极性、自主性,从而进一步增强学习效果,形成良性循环。学生如果没有对学习行为进行有效管理,就难以取得良好的学习效果,学习情绪也会受到影响。

第三,支持系统是指学校、社会为学生的学习所提供的一切支持,包括培养目标、学习风气、学习制度、评估制度等,这些支持有效地促进了学生的学习活动,同时学生的学习活动又影响着支持系统的变革和发展。

第四,实现学习目标是学习系统管理最终的目标。这个学习目标是系统的整体目标,是学生个人的学习目标与支持系统目标的统一。

四、高校学生学习管理注意事项

（一）两种管理方法的有机结合

高校学生管理的有效优化是分阶段管理和系统管理有机结合的结果。分阶段管理的各个阶段都遵守系统管理的理念和方法，同时系统管理又是在分阶段管理中一步步实现管理目标的。所以，只有在高校学生学习管理中充分运用这两种管理方法，将二者有机结合起来，才会顺利实现管理目标。

（二）学校的领导作用

在高校学生学习管理中，学校起到了领导作用。学校的领导作用是将学习管理的方向和内部环境统一起来，创造使学生能够充分实现学习目标的环境。学校要为学生的学习管理提供制度保障、监督保障、评价处置等，充分发挥领导作用，使学生的学习管理活动得以有效进行。

（三）有效的沟通

因为高校学生学习管理系统的主体是参与学习行为的人或组织，也就是学生和学校，所以必须在学生和学校之间建立有效的沟通渠道，加强学生与学校之间的对话与交流。学校可以采取正式的或非正式的方式来了解学生的看法，并以此调整教学事务，确保教育过程与学生需求协调一致。同时，学生也可以通过有效的沟通渠道，明确学校学习管理的意图和提供的便利条件等，使个人的学习活动与学校的教育方针、教学条件有机结合在一起。

（四）持续改进

持续改进是优化高校学生学习管理活动的重要途径之一，是高校学生学习管理活动的核心动力。持续改进包括了解现状，建立目标，寻找、评价和实施解决办法，测量、验证和分析结果，把更改纳入体系等活动。持续改进体现了管理哲学中动态的思想，遵循了发展的科学规律。因此，持续改进为高校学生学习管理活动从不完善到完善提供了前进的动力。

第三节 高校学生学习的自我管理

对于高校学生而言，学习是他们的高校生活中非常重要的一项活动。然而由于中学与高校的学习环境差异较大，许多学生在学习上都出现了一些问题，这些问题的出现可能会对他们的心理健康产生危害，因而必须引导他们在学习上进行自我控制和自我管理，以帮助他们更好地在高校学习与生活。

一、对学习方法不适应的自我管理

（一）学习方法不适应的表现

高校学生对学习的不适应实际上是对学习方法的不适应，表现为具备学习的心理条件，但心理准备不足，这主要体现在以下两个方面：

一方面，学生从中学到高校的显著变化就是学习的依赖性减少，自主性增强，从需要别人告诉自己应该学什么、怎么学，转变为自己做决定，这种转变使得一些学生很不适应。

另一方面，高校学生在过去十几年的学习过程中，普遍形成了一套适合在中小学阶段学习的、符合自身特点的学习方法，但这套方法并不一定适用于高校学习。

（二）对学习方法不适应的自我管理方法

1.努力培养自学的好习惯

与中小学阶段相比，大学阶段学生更需要自学，因此学生在进入高校的那一刻起，就要努力适应高校的学习环境，努力培养自己良好的自学习惯。

2.学会管理时间

高校学生一定要学会管理好自己的时间，具体应做到以下两点：

第一，学会分配时间，提高时间的使用效率。高校学生每天都要做很多事，需要完成很多学习任务。但是这些学习任务对高校学生而言，有不同的重要性，有轻重缓急之分。因此，学会按一定的标准将任务加以排序，再统筹分配时间并逐一完成，可以帮助高校学生更好地管理时间。

第二，了解和掌握自己的"生物钟"，充分利用最佳学习时间。根据学习者对不同学习时间的偏好，可将学习者分为以下几种类型：

（1）清晨型

该类型的学习者在清晨头脑清醒，反应敏捷，记忆和思维效率高。他们如果在清晨识记需要记忆的知识，往往会收到好的效果。

（2）上午型

该类型的学习者在上午学习效率最高。

（3）下午型

该类型的学习者偏爱在下午学习，他们在下午学习效率最高。

高校学生一定要了解和掌握自己的"生物钟"，充分利用最佳学习时间，提高自己的学习效率。

二、对学习动机不当的自我管理

（一）学习动机不当的表现

学习动机是影响学习效果的重要因素之一，它反映着学习者的某种需要，决定了学习者的学习进程，但学习动机与学习之间并不是正相关关系。心理学研究表明，当动机强度处于中等水平时学习效率是最高的；动机太弱，则不能激发学生的学习积极性；动机太强，则会导致学生情绪紧张、过度焦虑，影响学习效率。在高校学生学习中，学习动机过强和学习动机缺乏这两种现象都存在，学习动机缺乏的现象更普遍些。

1.学习动机过强

学习动机过强的学生往往有以下表现：

第一，学习动机过强的学生常把分数和名次放在很重要的位置上，他们争强好胜，害怕失败，看到别人超过自己就不高兴。

第二，学习动机过强的学生长时间超负荷学习，压力巨大，心理脆弱，情绪上难以放松，常会因学习和考试而感到焦虑。久而久之，还容易出现头痛、头昏、失眠多梦等症状。

第三，学习动机过强的学生对自己要求过严，容易自责。这些学生通常不满意自己的现状，总觉得自己应该做得更好，即使获得成功也不会感到高兴。

第四，学习动机过强的学生往往认为学习是至高无上的，从不或者极少将时间花在文体活动及娱乐活动上，在学习中不怕苦、不怕累，甚至到了废寝忘食的地步，长此以往，他们的人格发展和身心健康都会受到影响。

2.学习动机缺乏

学生出现学习动机缺乏，主要有以下三个方面的原因：

（1）学生的主观原因

一个消极对待学习、学习意志薄弱的学生很难有强烈的学习动机，一个对本专业不感兴趣并抱有负面态度的学生也不会有强烈的学习动机。可见，学习动机会受到学生本人的情绪、态度、兴趣、精力、价值观及健康状态等的影响。

(2) 外界错误观念

一些如"拜金主义""知识贬值""读书无用"等的错误观念会对学生的发展产生消极影响。学生如果对这些观念缺乏正确的认识，就有可能缺乏学习动机。此外，还有很多学生缺乏社会责任感，他们认为只要达到学校的最低要求，能顺利毕业就行了，这样的学生也缺乏学习动机。

(3) 对学校的不满

学校是学生学习的主要场所，学生的学习动机会受到校风校貌、校规校纪、师资力量、教学方式等的影响，学生如果对学校不满意，就会缺乏学习兴趣和学习动机。

（二）对学习动机不当的自我管理方法

1.对学习动机过强的管理

学习动机过强的学生的自我管理要从以下几个方面着手：

第一，不要过于苛求自己，要把奋斗的目标设定在自己力所能及的范围之内，而且要根据实际情况合理调整目标。

第二，要制定符合自己实际情况的阶段目标，脚踏实地、一步一个脚印地完成。

第三，要把关注的焦点放在学习本身上，不要总是想着最终结果，要在学习的过程中保持平和的心态，这样才能取得事半功倍的效果。

2.对学习动机缺乏的管理

(1) 强化学习动机

高校学生的学习动机具有以下几个特点：

第一，多元化。高校学生的学习动机大致可分为报答型动机（为了报答父母、不辜负老师的苦心等），自我实现型动机（为了自己的荣誉、自尊心、求知欲等），谋求职业型动机（为了谋得一份合适的工作、获得满意的生活等），事业成就型动机（为了对社会有所贡献），等等。

第二，间接性。高校学生的学习动机逐渐由追求分数、赞赏和奖励转向求知、探索、创造和培养自身的能力。

第三，社会化、职业化。在刚入校时，学生的学习有较大的盲目性。随着时间的推移，学生对社会人才需求和用人单位的用人标准的了解日益加深，社会化、职业化的学习动机逐渐得到巩固。

针对高校学生学习动机的特点，高校要引导他们正确认识和对待学习，使他们形成正确的学习动机，并对他们的正确学习动机进行强化。

（2）激发学习的兴趣

兴趣是学习的重要动力，高校学生若想在学习的过程中充分发挥自己的积极性与主动性，必须努力激发自己的学习兴趣。

三、对考试焦虑的自我管理

（一）考试焦虑的表现

焦虑是一种复合性情绪状态，包括焦虑反应、过度焦虑和焦虑症三个由轻到重的层次。焦虑通常表现为心情紧张、恐惧、提心吊胆、头晕、心悸、不安、出汗、肢端震颤、尿频尿急等。考试焦虑是指由考试压力引起的一种心理障碍，在高校学生中较为常见。考试焦虑的产生是外部因素和内部因素相互作用的结果，外部因素来自学校、家庭和社会，内部因素与学生个体的个性、抱负、早年经历、认知水平和心理承受能力等有关。克服考试焦虑，有助于高校学生对考试形成正确的态度，提高他们学习的积极性和主动性。

（二）对考试焦虑的自我管理方法

高校学生可以通过以下三种方式缓解考试焦虑：

1. 消除错误观念

部分学生认为别人在考试中都会轻松自在，只有自己比较紧张，这是一种错误的观念，学生一定要消除这种观念，要认识到所有人在面对大型的、有相当影响力的考试时都会紧张，这是非常正常的。

2. 正确认识紧张和焦虑

紧张和焦虑是人们在面对重要的、紧迫的事物时出现的一种正常反应，有时并不一定是坏事，适度的紧张和焦虑有助于学生积极迎接考试并取得较好的成绩。

3. 寻找缓解紧张情绪的技巧

学生可以通过一些小技巧来分散自己的注意力，来缓解紧张情绪。如咀嚼口香糖，分散一部分注意力到咀嚼这一动作上，连续握紧、放松拳头，做几次深呼吸，等等。

第四节 高校学生学习管理实践

一、双因素理论在高校学生学习管理中的应用

随着高等教育的不断深化改革，高校学生的学习环境正发生着深刻变化，例如，学习氛围由紧张转变为相对宽松，教学模式由"学生适应教师"发展为"教师适应学生"，学习方式逐步由以教师"施教"为主向以学生"求学"为主迈进。因此，高校学生学习管理面临着新的挑战。双因素理论是一种重要的现代激励理论，将双因素理论运用到高校学生学习管理中，坚持以学生为主体，

采取有效的激励手段，可以最大限度地调动学生学习的主动性和积极性，激发学生的学习动力，从而使学生达到在校全面发展和毕业成功就业的目标。

双因素理论是由美国心理学家弗雷德里克·赫茨伯格提出的，该理论认为引起人们工作动机的因素主要有两个，一是激励因素，二是保健因素。激励因素是指能使员工感到满意的因素，包括对工作的认可、取得的成就、责任感、工作的发展规划等；保健因素是指会造成员工不满的因素，包括内外部政策、管理制度、薪资、职务、工作环境、人际关系等。当保健因素存在缺陷时，会引起员工的不满，但改善这些因素也只能消除不满，并不能使员工受到较大的激励。双因素理论指出，个人对工作的态度决定其工作积极性，要调动个人的积极性和主动性，就要注意保健因素，更要注意激励因素。

在高校，学习活动是学生最重要的活动，完善高校学生学习管理工作已经成为高等教育改革的重要举措。学生学习管理是高校重要的管理活动之一，有利于促使学生有效学习。双因素理论可以很好地指导高校学生学习管理工作，与高校学生相关的学习制度、校园环境、教学设备、师资力量、师生之间的关系等属于保健因素，该因素对学生有较大的吸引力，但不能激发学生学习的热情；而学习规划、目标、机遇、成就感等属于激励因素，该因素在情感上对高校学生有很大的吸引力，能够激励学生学习。

因此，高校在设计、制定与学习相关的规定时，既要考虑保健因素，也要兼顾激励因素，在解决保健因素的基础上，重视学生的学习目标、学习成就感等激励因素，从而激发学生的学习兴趣和学习积极性。

双因素理论在高校学生学习管理中的具体应用如下：

（一）保健因素方面

高校应积极响应国家政策，对学生学习管理工作进行调整，通过优化学习管理制度为学生的学习提供良好的外部条件，保障学生学习管理工作的顺利进行。当前，教育部已全面推行高校学生学籍学历电子注册制度，以有效管理与控制学生学习过程，为学生提供学习支持与服务，进一步推进学分制改革。高校要严格实行相关制度，无论是录取、升级、学位授予，还是年度考核、学分获得，都要有严格的标准，对于没有达到学习标准的学生，要制定相应的处罚办法。此外，高校的课程设置要完善，教学手段与方法要不断改进，学习硬件设施要升级、完善，学风、师风建设要加强。

（二）激励因素方面

1.目标激励

目标激励是指让学生设置适当的学习目标，合理规划高校学习生涯。目标激励可以引导学生树立正确的目标。高校学生的年龄一般集中在18～22岁，其认知能力已经相对成熟。想要有效实施目标激励，就要做到三点：首先，指导新生的入学学习；其次，指导学生规划学习生涯，帮助其树立正确的总目标与阶段目标，把总目标与阶段目标结合起来，调动学生的积极性，鼓励学生按照时间、步骤、具体环节有计划、分阶段地实现各个层级目标；最后，保证学生的学习目标具有多样性。

2.赏识激励

赏识激励是指高校学生学习管理工作者通过肯定、赞美等方式对学生的学习或者其他行为表示认同与欣赏，从而使学生发现自己的优点，进而产生自我肯定和自我认同的情感，增强学习信心的一种激励方式。赏识激励可以增强学生的学习信心，激发他们的学习动力。大学时期是学生人生发展的重要时期，也是学生形成世界观、人生观、价值观的重要时期。在每一个阶段，当学生取得成绩时，高校教师要及时进行反馈、强化，并给予肯定和激励，使学生得到认可与鼓励，从而端正学生的学习态度，激发学生的学习动力。例如，在每个学期期末对学生进行全面、公平的评价，对学习成绩突出的学生给予适当的肯定。公开表彰可以增强学生的自信心，激发学生的学习动力，进一步促进学生自我效能感的提升，促使学生更加努力学习。

3.成就感激励

成就感激励是指学生通过自身努力获得良好的学习效果，得到家长以及教师的关注，从而产生强烈的成就感。成就感激励可以提升学生获得学习成果时的成就感，调动他们的学习积极性。成就感激励的运用主要通过两方面：一是积极开展学术和文化活动，定期展示学生的阶段性学习成果，并给予他们一定的表彰；二是积极建立校外实践基地，搭建能让学生为社会做贡献的平台。马克思主义哲学提出，实践是检验认识真理性的唯一标准，理论学习固然可以使学生了解事物基本的内涵、原理等，而要将这些理论知识融会贯通，就需要进行实践操作。校外实践基地可以让学生将所学的理论知识与实践结合起来，让学生运用所学知识解决实际问题，提高学生的学习热情与学习兴趣。

4.参与激励

参与激励就是发挥内在激励的作用，即提高学生的参与度，让学生从心里把学习当成一种享受，体验到学习的价值和意义，并将这种内在的、更持久的积极性转化为更加勤奋的学习。参与激励可以引导学生探索正确的学习方法，提升学生的实践能力。参与激励的运用主要体现在两种方式上：一是让学生参与教师的科研课题，虽然学生的力量有限，但是学生可以将所学理论知识运用在科研活动中，这对学生有正面的激励作用；二是采取案例讨论、情景模拟等实践教学方式，提高学生的参与度，引导学生进行专业领域的探索钻研。这些措施能够丰富学生的学习活动，增强学生的探索精神，同时也能够提升学生的实践能力。

5.竞争激励

"物竞天择，适者生存"，竞争是现代社会的一个显著特征。竞争激励是指通过竞争手段激励并强化学生的竞争意识，提高学生的竞争素质，是提高学生学习竞争力的主要途径。竞争激励的运用主要体现在两种方式上：一是学校在第二学历和考研方面给予学生支持，激发学生的学习热情和积极性，提高"双学位"的获取率；二是学校教学部门通过组织学科竞赛、专业比赛与科技竞赛，鼓励学生之间的良性竞争，促进学生专业兴趣与专业技能的提升。竞争机制的引入可以激发学生的学习潜能，提高学生的学习效率，提升学生的整体素质，增加学生的个人发展机会。

二、柔性管理在高校学生学习管理中的应用

随着高校的不断扩招，越来越多的学生有了接受高等教育的机会，但是由于种种原因，一部分由于主观和客观的原因而在学习上遇到困难的学生形成的队伍越来越庞大，怎样帮助他们，是摆在教育工作者面前的一个难题。关注学习困难的学生，做好他们的思想政治教育和管理工作是每一位教育工作者，尤其是学生思想政治教育工作者的神圣使命。现有的诸多文献大多主张采用"刚性管理"的方式，即用制度去转化这类学生群体。

人本主义心理学的代表人物之一罗杰斯主张"心理学应该研究人的价值和尊严，咨询和心理治疗应该为恢复和提高人的价值、尊严做贡献"，并且认为"最好是创造出一种气氛，一种能够让来访者（也包括咨询者或治疗者本人）不感到威胁和限制，能够自由地感受情感、探索自我的氛围。"将他的理论借鉴到高校学习困难学生的教育中来，也就是我们所提出的"柔性管理"。

（一）高校学习困难学生群体的成因分析

1.个体心理因素分析

（1）厌学心理

进入大学以后，少数学生主观上对自己放松，对自己的要求、目标不明确。更有甚者受社会非主流思潮的影响，思想消沉，生活态度消极，无远大志向，不思进取。有的学生适应能力差，对与中学时完全不同的教育教学方法无所适从，逐步对学习失去兴趣，被动应付学习，寄希望于"考前突击"或考试舞弊，最终导致学习成绩一落千丈。

（2）自卑心理

自卑可能导致学生在生活、学习上自信心不足，不愿和同学接触。这类学生在生活中遇到困难，或是犯了错误，便会疑虑重重，思想上有很大的压力，情绪低落，不敢和同学交往，这类心理继续发展往往导致性格内向、怯懦孤僻，最终发展成自暴自弃，或是转求另外的解脱途径，造成不良后果。

（3）逆反心理

高校学生常常处于需要得到别人的尊重和得不到别人尊重的矛盾之中。因为矛盾，产生逆反心理，又因为逆反，导致产生对抗。有逆反心理的学生往往思想偏激、行为异常，看问题、处理问题往往以自我为中心，常带有明显的片面性和主观性，不愿意或不能约束和控制自己的言行。

2.环境因素分析

（1）家庭环境

学生的言行在很大程度上与家庭教育密切相关。有的家长对孩子百般溺爱、娇生惯养，对孩子的生活、饮食起居关心有余，而对他们行为习惯的培养和思想方面的要求很少，甚至一味袒护子女的缺点和错误，结果使孩子养成任性、放纵、依赖、骄横、不讲道理等不良习气。

（2）社会环境

处在社会信息前沿的大学生，极易受到社会上各种思想和观念的干扰。社会上一些不良观念，如享乐主义、拜金主义、弄虚作假等严重冲击着大学生的思想观念、价值取向和行为方式，使部分学生不思进取、贪图享乐、纪律松懈、成绩落后。

（3）学校教育

部分教师授课没有考虑到学生的个性差异，从而使那些原本学习基础偏差的学生，那些心理承受能力较弱的学生，那些勤学好问却又暂时找不到学习方法的学生，那些天资聪颖却生性好动、自学能力不强的学生在高校学习中出现诸多不适应。如果不能得到及时的调整，学生的自信心很容易被挫伤。

（二）对高校学习困难学生群体实行柔性管理的探索

基于以上分析可以知道，那些学习困难的学生需要的不仅是关注，更是帮助。在对高校学习困难学生群体进行管理的过程当中，管理者不能一味地用强硬的态度去迫使学生被动地学习，而是可以采用"柔性"的管理方式。

1.激发学生创造性

知识根据其存在形式，可分为显性知识和隐性知识。前者主要是指以专利、科学发明和特殊技术等形式存在的知识，后者则是创造性知识、思想的体现。显性知识为人所共知，而隐性知识只存在于人们的头脑中，难以被掌握和控制。要让人们自觉、自愿地将自己的知识、思想奉献出来，实现"知识共享"，只能通过"柔性管理"。

同样，在高校中，对于那部分在学习上遇到较多困难的学生，学生管理工作者仍然要采用这种"柔性管理"的方式。对待学习困难学生，要晓之以理，动之以情，让他们切实感受到学习的重要性，勾起他们内心的求知欲，促使他们自主自觉地学习，也只有这样，才能激发出他们的创造性，让他们能够在学习的过程中克服重重困难，到达胜利的彼岸。

2.获得学生认同

"柔性管理"一词源于企业，所以这里先从企业层面说起。知识经济时代信息爆炸，外部环境的易变性与复杂性一方面要求战略决策者必须整合各类专业人员的智慧，另一方面又要求战略决策的出台必须快速。因而仅仅靠规章制度难以有效地管理该类组织，而只有通过"柔性管理"，才能提供"人尽其才"的机制和环境，使企业与员工之间，员工与员工之间相互认同，管理者才能迅速、准确地做出决策，才能在激烈的竞争中立于不败之地。

在高校中，管理者同样希望整个管理团队能够发挥出高效能，因此"柔性管理"至关重要。学生群体，特别是那部分需要帮助、在学习上遇到较大困的学生群体，其只有支持学生管理工作，对学生管理工作满意，才会自觉地参加到学生管理工作者旨在帮助困难学生的活动中去。

如何管理好各种类型的学生，特别是那些在学习上遇到较多困难的学生，应是高校的基层管理者始终都在思考的问题。高校学生管理工作者宜采取"柔性管理"的方式，这样才能获得广大学生的心理认同，才能激发学生的创造性，才能为创造和谐稳定的校园打下一个良好的基础。

三、"学习型组织"理论在高校学生学习管理中的应用

（一）"学习型组织"理论构建新型高校学生学习管理模式的意义

发源于20世纪90年代的"学习型组织"理论，指出了"学习型组织"的各种性质和发展方式，其中主要的内容是：自我学习、优化心智发展水平、建立愿景、进行团队学习、执行系统思考。这五个方面的内容缺一不可，是"学习活动"设计和开展的重要内容，也是目前提高高校管理水平的重要措施。使用这一学习管理模式，对于高校管理工作落实、教学工作开展、学校校务工作执行等具有重要且深刻的意义。我国高校应当在充分学习的基础上，将"学习型组织"的学生学习管理模式进一步落实到位，促进高校管理工作和教学工作获得更好的效果。

（二）"学习型组织"理论对高校学生学习管理的优化

1.优化学校人才培养计划

在高校的校园管理工作中，尤其是人才培养计划中，学校的管理者需对教学工作有一个清晰而准确的认知和定位，最大限度地提高学校人才培养计划的

执行效率。大学期间，学生的生理和心理发展都处于关键期，此时教师和学校管理者的关怀和引导就显得特别重要。通过教师的引导，学生可以更好地形成对社会和人生的认知，并做好自己的学习规划，能够更好地形成世界观、人生观、价值观。

2.使用新型学习管理模式

校方应当将新型教育管理理念落实下去，实现管理模式和教学进度配合执行，让学生在有序的校园环境中成长。所以，在高校内部构建新型的学习管理模式就显得特别重要。学校的管理者应当是新管理模式的开拓者和执行者，在管理学生的过程中逐渐形成校方主导、学生遵守、互相监督的良好氛围。学校以先进的管理理念促使学生在学校内获得良好的环境，并和学生达成共识，让管理理念在管理者、教师、学生间达成默契，进而最大化实现管理模式的效果。同时，学校的管理者需充分了解学校的思想政治教育的执行情况，站在学生终身发展的角度设置学校的思想政治教育课程。以思想政治教育带动教学，以思想政治教育带动管理，以思想政治教育促进学生的全面发展。给予教师充分的信任，让教师可以更加自由地开展教学活动，而不是被教学模式所捆绑，无法发挥自身的主观能动性。不断提高学校的管理水平、教师的教学水平、学生的综合素质。

3.用良好的学习机制促进学习管理

学校的管理能力表现在是否能够促使学生实现综合发展上，一个高水平的管理机制，能够实现学校的管理团队、教师队伍、学生群体都达成自我发展的目的。在校内实行终身学习的管理机制，将终身学习的理念传递给学生，让学生认识到终身学习的重要性。学生只有自己发现了终身学习的好处，才能够切实落实自己的学习计划，自主规划学习行为，自主监督学习进度。进而实现无需教师和学校管理者的参与，学生就能够自行开展各种学习活动。这不仅大大降低了学校的管理压力，也实现了学生学习行为的常态化，让学校的管理工作形成良性循环。学生的终身学习可以让学生受益终生，让学生掌握学习的动力，完成从被动学习到主动学习的跨越。

综上所述，高校管理工作和学生学习行为具有紧密的联系，对高校综合管理工作有着极大的影响。所以，在目前的高校管理中，需进一步加强对学生的管理工作。建立"学习型组织"的高校学生学习管理模式，需以学生作为中心来执行管理工作，树立以学习为本、以学生为本的管理理念，避免在管理中出现以教师为主的错误。只有充分发挥学生的自主性，学校的管理水平才能够有实质性的提高，进而为提高学生的综合素养提供良好的环境。

第四章 高校学生生活管理

学生生活管理是高校日常管理的重要组成部分，加强学生生活管理方式的创新和改革，能够为学生提供和谐舒适的校园生活环境，推动学生的全面发展。

第一节 高校学生生活管理简述

我国采取全日制教育形式的高校，需要对学生的日常生活，如住宿、饮食等进行统一管理，并引导学生形成良好的生活习惯。然而，我国大部分高校并没有意识到学生生活管理的重要性，而是将更多的时间和精力放在提升教学质量方面，学生生活管理方式长期处于滞后状态。在素质教育理念下，高校要进一步加强学生生活管理，为学生提供良好的生活环境。

一、高校学生生活管理的概念和意义

（一）高校学生生活管理的概念

高校学生生活管理主要指对学生学习之外的物质与精神生活的管理，包括

学生宿舍管理、学生健康管理等。本章主要分析学生宿舍管理。

（二）高校学生生活管理的意义

高校学生生活管理是高校学生管理工作的重要组成部分，是高校的一项基础性工作。高校学生是一个特殊的知识群体，对物质生活和精神生活有其独特的需求。高校对这些需求必须予以高度重视。

学生生活管理与学生的培养目标密切相关，是培养学生全面成才的重要途径、手段和保证，是学生思想政治工作的重要补充。有效管理学生生活，有利于培养学生的独立自主精神和良好的生活习惯，增强学生自我管理的意识和能力；有利于形成优良校风和民主管理、民主办学的工作作风；有利于激发学生的主人翁精神，保证高校人才培养工作的顺利进行。

高校要实现对学生生活的有效管理，关键在于从思想上高度重视学生生活，把对学生生活内容的丰富和质量的提高纳入学校的总体发展规划当中，综合平衡，统筹兼顾。

二、高校学生生活管理的基本内容

现行的高校学生生活管理制度主要涉及学生的住宿、餐饮等方面。进行高校学生生活管理的目的是保证学生拥有舒适、便捷的生活环境，帮助学生解决后顾之忧。

例如，宿舍是学生在校期间休息和放松的主要场所。当前，高校学生宿舍以4~6人间为主。宿舍属于集体环境，为了保证全体学生能够拥有舒适的休息场所，大部分高校都对宿舍进行严格管理，制定了许多相关制度，如宿舍卫生检查制度、宿舍考勤制度、宿舍设备维修制度等，同时对外来人员进行严格的出入登记，保证宿舍的安全稳定，让学生拥有安全舒适的生活环境。

三、高校学生生活管理的原则

在具体的实际工作中，高校学生生活管理需要遵循以下两条基本原则：

（一）服务性原则

高校学生生活管理要以学生为本，从学生群体的需要出发，为学生成才服务，为学生提供丰富多彩的、高质量的物质生活和精神文化生活，把为学生创造良好的学习、生活环境作为出发点和归宿。为此，高校要确立正确的思想观念——管理即服务、管理即指导。

（二）学生自治性原则

高校学生生活管理要尊重学生的独立人格，发挥党、团、学生会等组织的作用，让学生参与生活管理，使学生真正成为生活管理的主人。发挥学生的自治能量，是搞好学生生活管理的重要支柱。在贯彻学生自治性原则时，高校应该做到相信学生、依靠学生，给予学生合理、合法参与学校管理的权利，保护好学生的切身利益，发动学生为生活管理献计献策。

四、高校学生生活管理的方法

高校应在后勤部门为学生提供优质生活服务的基础上，以完善学生生活管理制度为主，努力把行政管理和思想教育结合起来，把集体管理与学生自我管理结合起来，从而提高学生生活管理的质量。

（一）完善学生生活管理制度

在学生生活管理中，逐步确立一系列科学的管理制度是十分必要的。在高校学生生活管理制度中，有的是国家或上级主管部门有关的管理制度的延伸，有的则是高校为了提高教学质量，建立正常秩序，实现培养目标而自行制定的制度。不管哪类规章制度，都具有行政约束力，都是按照党的教育方针搞好学生教育和生活管理的必要条件和保证，对实现管理的科学化、规范化和正常化，培养学生良好的思想品德和行为习惯，形成良好的校风学风，都有着重要的作用。完善学生生活管理制度，是搞好高校学生生活管理的主要保证和基本途径。

1.制定学生生活制度的要求

高校在制定学生生活制度时，应努力符合以下要求：

（1）体现教育性

学生生活制度应符合国家的教育宗旨、政策和法律的精神，符合教育原则和教育规律。国家的有关法规是制定高校规章制度的最高原则。制定和执行高校的规章制度，既是一种管理手段，也是一种教育方法，具有教育和影响学生的力量。

（2）体现科学性

学生生活制度要从学校的办学条件和学生生活管理实际出发，符合学生集体生活的特点和身心发展的特点，符合科学管理的要求，"因校制宜"。

（3）体现民主性

学校的规章制度，要经过学生的充分讨论后最终确立，不应是少数领导或管理者闭门造车的结果。

（4）体现简明性

学生生活制度要做到目的明确、内容具体、文字简练、易记易行，不能模棱两可、冗长繁杂。

（5）体现灵活性

学生生活制度要坚持原则，保持稳定性，不能朝令夕改；要区别对待，结合学校的实际情况，因时因人而异。

2.实施学生生活制度的注意事项

在贯彻实施学生生活制度时，要注意以下事项：

（1）增强学生的制度意识

规章制度建立后，要有组织、有针对性地对学生进行宣传教育，增强学生的制度意识。广大学生应能够从理论到实践，充分认识生活管理制度对建立学校正常的学习和生活秩序、提高教育质量、实现培养目标的必要性和重要性，认识规章制度的基本内容，以及不同的规章制度着重解决的不同问题，认识在确定规章制度时应当遵循的原则等，从各方面加深对规章制度的理解，增强制度意识，从而提高执行规章制度的自觉性。

（2）维护规章制度的严肃性，做到违章必究

规章制度一经制定，就必须严格执行。所有规章制度对任何人都具有约束力，必须严格执行，若违反了规章制度，就要承担责任。对于少数违反制度的学生，该批评处罚的要批评处罚。合理的处罚不仅对学生本人来说是一种警诫，对其他学生来说也是一种教育。如果对学生的不良倾向和违章行为熟视无睹、置若罔闻，便是对学生本人和教育事业不负责任。批评和处罚仅仅是教育学生的一种手段，要严格按照有关规定实施，不可滥用。

（3）有错当罚，发挥处罚的积极作用

学校应该坚持对犯错误学生本人及其所在集体进行深入细致的思想教育。只有当被处罚者理解学校对他进行处罚是为了保护学校集体利益，并且会达到教育大多数人的目的的时候，处罚才具有积极意义。

（4）不断地检查和修订学生生活管理制度

学校在制定学生生活管理制度后，还要对其不断地进行检查和修订。学校的规章制度是在调查研究、总结教育管理经验的基础上，运用科学方法制定的，一般都符合学校的需要，因此应当保持相对的稳定性。但规章制度也不是一成不变的，在实施规章制度后，应当定期追踪检查，通过检查发现其中某些不合理或不完善的地方。随着现实情况的不断变化，原有的规章制度也必然会出现与实际不相适应的问题，这就要求学校对原有的规章制度进行必要的修订，使其日臻完善。

（二）行政管理与思想教育相结合

行政管理与思想教育相结合，是学生生活管理的基本方法之一。高校是教育人的场所，它的职能是教书育人，使学生在受教育的过程中树立正确的世界观和人生观，为学生今后走向社会参加现代化建设打下良好的基础。因此，在学生生活管理中，必须贯穿思想教育，使行政管理和思想教育结合起来。

高校学生仍处于成长发育期，思想较单纯，世界观正在逐步形成，这一时期是学生接受知识、培养道德的黄金时期。学校在这一时期对学生进行知识、理想、纪律、道德等方面的教育，容易收到事半功倍的效果，而且还将对学生的成长产生长久的影响。

高校学生生活管理和高校其他方面的管理相比，范围宽得多，规范性弱得多。这就决定了生活管理在很大程度上要靠学生的自觉行动来维持，要通过强化教育手段来提高学生的思想觉悟、纪律观念和道德水准，调动学生的自觉性和主动性。

高校学生生活管理的教育手段与其他手段相比，更接近学生的心理，容易为学生所接受，容易在学生中引起共鸣，对行政管理制度的贯彻落实起到促进作用。寓教育于管理之中，必须以思想教育保证行政管理制度的贯彻执行，并以行政管理制度的贯彻执行提高学生的觉悟。因此，行政管理与思想教育是相辅相成的，高校学生生活管理应当把行政管理与思想教育结合起来，使学生自觉执行各项规章制度。

（三）集体管理与学生自我管理相结合

在学生生活管理中，学生既是管理的对象，又是管理的主人。学生的双重地位，决定了高校鼓励学生依据管理制度进行自我管理的措施是切实可行的。

绝大多数高校学生已经具有生活自理能力，只要高校能使他们认识到生活管理的内容、意义和作用，并对他们进行正确的引导和组织，他们就会自觉参与生活管理活动。事实上，只有当学生自己管理自己时，生活管理才真正有了基础。当然，在进行自我管理时，学生仍需要集体管理人员对其进行指导和帮助。

为了完善学生生活管理，高校可以开展创建"文明宿舍""文明食堂"等评比竞赛活动，努力引导学生正确认识集体和个人的关系，把个人置身于集体之中，关心集体，为集体增添荣誉，这是促使学生进行自我管理的良好途径。在集体生活中，学生既可以提高自己的能力，又可以获得尊严。在为集体做出贡献后，学生可以获得集体赞扬，得到精神上、道德上的满足感，从而进一步完善自己，为集体做出更大的贡献，这样的良性循环可以使学生迅速成长。反之，若学生脱离集体，就会在缺少友谊、缺少交往、缺少集体和他人对自己肯定评价的情况下，陷入孤独、沉默的境地。为了学生的健康成长，高校必须积极引导学生在集体生活中逐步培养集体责任感、集体荣誉感，一切从集体出发，把集体利益放在个人利益之上，克服不顾国家、集体和他人的利益，不重视集体荣誉的极端个人主义倾向，培养学生无私奉献的品质。

只有在集体中，学生才会真正体会到团结互助的重要和欢乐，认识到尊重他人的情感和意志的必要性，学会以诚恳的态度待人处事，强化自身的集体主义观念。研究表明，正确的认识只有在获得肯定的情绪体验后，才会被纳入个人的观念体系，转化为信念。学生生活的集体是社会的一个小细胞，置身于这样的集体中，容易获得对集体主义观点的肯定情绪体验。此外，高校学生对同龄人的赞同或反对十分敏感，这些赞同或反对会影响他们的自我塑造。因此，集体的批评、表扬、帮助等教育措施，可能比家长、教师的教育措施效果好。这就要求高校充分发挥党、团、学生会等各级集体组织团结、带动广大学生进行自我服务、自我管理、自我教育和参与集体管理的积极作用，实现集体管理和学生自我管理的有效结合。

第二节 高校学生宿舍管理

宿舍是学生生活的主要场所，同一个宿舍的学生可能来自天南地北，不同的生活习惯及家庭背景很容易使同一个宿舍的学生之间产生矛盾，部分学生还会出现心理问题。学生在高校阶段正是思想逐渐成熟、良好品质逐渐得到培养的关键时期，如果没有得到正确的引导，就可能迷失自我，甚至铸成大错。

学生宿舍管理属于高校管理的一个重要方面，宿舍管理方面出现过多的问题会直接影响高校的发展。良好的宿舍管理可以让学生养成健康的生活习惯，提升自身的道德品质修养，树立正确的人生观，成长为符合社会需要的人才。

一、高校学生宿舍管理的主要内容

学生宿舍是学生休息、生活的场所，也是学生学习的场所。因此，宿舍管理对学生的身心发展、思想情操的陶冶、学业的进步等起着十分重要的作用，高校应予以足够的重视。

高校要设置专门的机构，如宿舍管理科（室）、学生公寓管理中心等，安排专人统一管理全校学生宿舍的设施、物品等，领导和监督宿舍管理员（传达员）和清扫员的工作。随着高校后勤工作的社会化，高校对学生宿舍可采取物业管理和勤工俭学相结合的管理方式，让专职人员和学生共同管理。组织学生参与学生宿舍管理，既能锻炼学生的自我管理能力，培养学生的劳动意识，又能为部分学生，尤其是经济困难学生解决学习的后顾之忧，促进学生学习质量的提高。

学生宿舍管理的中心内容是卫生和纪律秩序，具体包括宿舍的卫生情况、遵守校纪情况、团结友爱情况、学习风气情况等。

二、高校学生宿舍管理的重要性

高校学生宿舍管理融入生活教育理论，是当前教育改革背景下，体现素质教育要求的一个缩影，未来一段时间内，这种方式将会成为引导学生行为规范的一个重要方向。具体而言，应当首先明确高校学生宿舍管理的重要性，然后才能有的放矢地落实各项宿舍管理工作。

相关统计资料显示，我国高校学生每天在宿舍度过的时间普遍超过了 13 个小时，除了在宿舍睡觉，他们还会在宿舍娱乐、学习。由此可以看出，宿舍不仅是学生休息、娱乐与学习的场所，更是学生沟通交流、充分放松的地方，这也成为高校后勤管理需对学生宿舍管理足够重视的原因之一。但是从我国高校教育管理落实的成果来看，我国高校在管理上主要聚焦于课堂教育，在一定程度上忽视了学生宿舍管理工作的落实，导致高校教育脱离学生的实际生活，很多管理工作都未能取得较好的实际效果，这值得高校学生生活管理工作者警惕。

三、高校学生宿舍管理工作的困境

（一）部分高校未能认识到学生宿舍管理工作的重要性

一部分高校在看待学生宿舍管理工作的问题上，未能将其和常态工作等量齐观，投入的管理力量不足，这就导致校方不能对学生宿舍的情况做出及时的反应，往往当宿舍出现人身伤害或者发生恶性群体事件之后，才能看似亡羊补牢地开展教育工作。教育是一项百年树人的工作，产生的影响往往不可估量。如果学生宿舍管理工作未能与学生的实际生活相结合，未能引起学生管理部门的重视，学生宿舍管理效果就会每况愈下，高校也很难开展后续的思想政治教育工作。

（二）部分高校未能有效扩展教育管理主体

在现阶段高校后勤改革的社会背景下，很多高校都不同程度地开展了探索教育管理的工作。具体而言，高校可以在宿舍楼内开设党员先锋岗或党团活动室，在宿舍值班问题上可以安排学生党员轮流值班，对学生的交流来访进行有序接待，从而在宿舍中彰显学生党员榜样作用，为宿舍带来潜移默化的影响。还有一些高校安排辅导员入住学生宿舍，使师生在课余生活中，能够贯彻生活教育的理念。但在此类教育管理方式的探索和拓展中，教育管理主体仍然局限于同伴与师长之间，未能做到全员育人，在未来的教育实践中还应当探索新的方式，重视宿舍管理人员的作用，完善教育管理主体系统。

（三）部分宿舍管理人员素质不高

在当前的社会背景下，高校学生宿舍管理由辅导员和宿舍管理员协同负责。但是，辅导员往往忙于处理其他方面繁杂的学生事务，宿舍管理员就成为宿舍管理工作的主力。但由于没有专业素养、文化素质等方面的考核，宿舍管理员通常只负责开关门、记录进出人员的信息、进行楼内秩序的维护等简单的工作，他们的工作积极性往往不高。宿舍楼内也经常出现灯常亮、水长流的现象，以及公物损坏的问题。这不仅在一定程度上反映了高校学生道德素质需要提升，也反映了高校宿舍管理工作存在落实不到位的情况，管理人员的素质有待提升。

（四）部分高校宿舍教育资源利用率不高

目前，高校学生宿舍的教育资源利用率不高。要解决这一问题，高校可以从两个方面入手：在学生宿舍的空间方面，可以充分利用宿舍楼大厅的宣传栏、标语牌、海报等；在学生宿舍人力资源方面，无论是宿舍楼内的学生党员，还是宿舍管理员，或者学生干部，都应当积极调动起来，充分发掘此类人力资源，防止高校学生宿舍管理方式过于单一，阻碍管理工作的开展。

四、"生活教育"思想在高校学生宿舍管理工作中的应用

"生活教育"思想是陶行知先生教育思想的集大成部分,他认为,教育如果脱离了生活,就是死教育,同理,脱离了生活的学校就是死学校,脱离了生活的书本就是死书本。教育和生活息息相关,生活对教育起到决定性作用,教育如果想进入更高的境界,就一定要和实际生活充分结合。但是根据实际管理工作的效果可知,在当前社会背景下,高校教育管理和学生生活脱节的现象较为严重,若想使教育真正做到以生活为中心,成为活的教育,就一定要充分了解学生宿舍生活。

(一)重视教育管理内容的选择

高校在落实学生宿舍管理工作的同时,应当善于借鉴"生活教育"思想,促进宿舍文化环境的和谐发展,培养学生积极向上的学习与生活态度。教育管理内容应主要包括三方面:首先,应当重视各方力量的团结,引导学生正确认识世界;其次,应当使学生树立志存高远、胸怀大志的人生观;最后,应当使学生树立勇于坚持真理、为民族服务的最高理想。

(二)完善教育管理主体系统

高校学生宿舍管理应重视完善教育管理主体系统,在物业服务中融入教育管理,达到生活教育化与教育生活化的目的。在学校层面,各学院应当委派表现优异的辅导员,和学生培养和谐友好的关系,在学生宿舍生活中加强落实教育管理工作;在宿舍管理层面,应当重视学生的主体地位,拓展教育管理主体。同时,后勤部门也应在学生宿舍物业服务工作上配合到位,适当实现宿舍管理人员角色的转变,令其成为教育管理主体的重要组成部分。

（三）提升宿舍管理人员的素质

陶行知对教师的要求很严格，指出教师不但要保持自身持续学习的紧迫感，还应当加强与其他教师之间相互学习的意识。在学生管理工作上，凡是与学生相关的各种事务，都应当起到明显的教育作用。具体途径包括两个：一是教师通过自己的努力，在授课之余多学习；二是可以由学校创造机会，聘请相关领域的专家，通过业内的沟通交流，不断提升教师自身的专业素质。与之类似的，宿舍管理人员专业素质的提升，也可以聚焦于以下工作：

第一，有关管理部门应当在人员招聘条件上设置较高的门槛，考查管理人员的文化素质和管理水平。

第二，应当定期对宿舍管理工作的效果进行考查，平时重视培训宿舍管理人员，加强工作经验交流，使其承担起更多的管理责任，提高宿舍管理水平。

（四）实行学长下宿舍制度

学长下宿舍制度实际上就是学生管理部门筛选高年级学生，到不同的学生宿舍做宿舍长，引导和管理新生。这批高年级学生一定要品学兼优，具备较强的责任心和较高的思想觉悟，对新生管理工作有一定耐心。高年级学生对学校的情况相对熟悉，可以在最短时间内让新生适应学校的环境，减少新生面对陌生环境时产生的心理压力。而且高年级学生也是从新生阶段走过来的，在介绍自身经验时，对新生而言会更具说服力，榜样作用较为明显。这就可以有效避免"居高临下"的教育对学生心理的误解，防止宿舍管理和学生实际情况脱节。

（五）充分调动不同渠道的资源

高校学生宿舍具备丰富的空间资源，当前众多高校对学生宿舍空间的利用方式，普遍以在宿舍外悬挂条幅、竖立展板，或在宿舍楼内张贴海报、标语为主。虽然这种方式能够顾及大部分的宣传受众，但创新性不强，未能和学生的兴趣充分契合，学生很容易忽视，实际上是对这些空间的一种浪费。为了改变这种状况，高校应当充分调动不同渠道的资源，例如，可以充分利用网络资源，重视对学生意见的收集，精准定位宣传内容，或者采用学生受众群体较多的文化形式，定期进行宣传语更新，从而提升宣传内容的吸引力，加强宣传效果，营造学生宿舍和谐的环境。

第五章 高校学生心理健康管理

学生心理健康管理是高校学生管理的重要内容之一，是高校教育体系中不可或缺的一部分。本章对高校学生心理健康管理的内容进行详细分析，针对存在的问题提出一些措施，促使高校学生心理健康管理工作能够有效开展。

第一节 高校学生心理健康问题的主要表现及原因分析

心理健康是一个十分复杂的综合概念，它涉及医学现象、心理现象和社会现象等。不同学科的学者对心理健康有不同的理解。有心理学家认为心理健康是"一个人情绪上的安宁或他的个人适应和社会适应"。根据联合国世界卫生组织的定义，心理健康不仅指没有心理疾病或变态，个体社会生活适应良好，还指人格的完善和心理潜能的充分发挥，也指在一定的客观条件下将个人心境发挥到最佳状态。高校学生心理健康的内容主要包括心理健康、自我意识、学习心理、个性心理、人际交往心理、恋爱与性心理、择业心理等，随着社会的发展，又融入了心理咨询与心理治疗方面的内容。

高校学生的心理健康问题及针对这些问题的教育方法的研究，已经引起了全国高校的广泛关注。在我国，针对高校学生的心理健康教育起步较晚，经历了一个由认知到重视，再到加强的过程。自20世纪90年代起，我国开始重视高校学生的心理健康教育工作，许多学者围绕这一课题开展了研究，提出了许多实施方法，教育工作者也进行了许多有益的尝试。

高校学生在不同情境、不同发展阶段所出现的心理健康问题是不同的。不同地区、不同高校对学生心理健康状况的调查表明，高校学生的心理健康问题主要包括三个方面：心理困惑、心理障碍和心理疾病。心理困惑是轻微的心理问题，并不影响学生的健康发展，但心理困惑如果得不到及时调节，就会发展成比较严重的心理障碍；心理障碍如果得不到及时克服，就会发展为心理疾病；心理疾病会严重影响人的健康，影响人的全面发展。

一、高校学生心理健康问题的主要表现

（一）高校学生心理困惑的主要表现

1.缺失目标

学生进入高校前有十分明确的目标，这个目标就是高考。学生的一切活动服从于这个目标，所以他们常常披星戴月、废寝忘食地苦战备考。但进入高校后，很多学生认为自己不需要努力学习，不需要有压力，不需要有目标，最终导致目标缺失。

2.难以适应新的学习方式

高校的学习方式和中学有很大不同。不少学生习惯了中学那种处处离不开教师指导的学习方式，难以适应高校里以主动式、探索式为特点的学习方式。

3.自我评价失当

有些学生进入高校后，发现很多同学多才多艺，自己相形见绌，原来的优越感化为泡影，自尊心受到挫伤。学生如果不善于辩证思考和正确对待这些问题，就会产生消极的情绪，不利于自身的正常发展。

4.存在恋爱心理困惑

高校的环境相对自由和开放，学生在这个阶段生理已经基本发育成熟，与异性交流的意愿也比较强烈，多数学生希望在学校里找到心仪的对象。但一些学生在思想上缺乏必要的准备，没有形成客观的择偶标准，缺乏解决恋爱问题的能力，当遇到挫折时，不知如何处理，容易产生压力与困惑。

（二）高校学生心理障碍的主要表现

心理障碍是指由个人及外界因素造成心理状态的某一个方面发展得超前、停滞、延迟或偏离。它是影响个体正常行为和活动效能的心理因素。

1.人际关系敏感

人际关系敏感主要指在人际交往中的不自在感和自卑感。部分学生有人际交往方面的心理障碍，主要有以下表现：

第一，缺乏主动性，在正式场合和人多的情境中紧张不安，害怕被人注视，但又不甘心被人冷落。

第二，过于在乎别人的态度，怕别人不理睬自己，担心被别人耻笑和拒绝。

第三，做事追求完美，有绝对把握才敢尝试。

第四，在与他人交往过程中，经常发生摩擦、冲突和情感损伤。

2.麻木或冷漠

麻木或冷漠是一种综合的心理障碍。它表现在以下几方面：

第一，缺乏积极的认识动机，活动意向减退，情感冷漠，情绪低落，意志衰退，思想停滞。学生一旦产生这种心理障碍，就会缺乏进取精神，甚至随波逐流，产生混日子、混文凭等错误思想。

第二，当感觉自己无力战胜困难和挫折时，就会失去信心和勇气，表现出漠不关心的态度。这主要表现为对学习不关心，不在乎成绩好坏；对某一门功课缺乏兴趣，不去听课；沉迷于网络游戏。

第三，一遇到困难和挫折就退缩不前。

3.情绪失控

有的学生在受到委屈或遇到挫折后会产生愤怒的情绪，甚至情绪失控，做出种种攻击性行为。情绪失控表现为怒目而视、破口大骂、讽刺挖苦等。有的学生会寻找"出气筒"，以发泄愤怒的情绪。这种情绪失控甚至会导致部分学生违法，严重影响学校正常的教学秩序。

4.环境改变与心理适应障碍

大部分新入学的学生面对的是陌生的城市、校园和集体，还有很多学生是第一次离家远行，这些情况都可能给学生带来不同程度的环境适应问题，主要表现为食欲不振、失眠、神经衰弱、烦躁不安、严重焦虑等。还有的学生不适应高校的学习方法，感到学习压力大，对学习失去信心，产生强烈的自卑心理，其中一部分学生还产生了一种对现实的失落感。

5.人格障碍与人格缺陷

人格是一个人在与环境相互作用过程中所表现出来的独立的行为模式、思维方式和情绪反映特征。

在高校学生中，常见的人格障碍主要有偏执型人格障碍、强迫型人格障碍和反社会型人格障碍。以偏执型人格障碍为例，其主要表现是对挫折过于敏感、过分夸大自己的重要性、固执、猜疑、嫉妒、心胸狭窄、不接受批评等。人格障碍一般始于童年或青少年，而持续到成年，这些不良因素会严重影响学生的学习、人际关系和自我完善。

人格缺陷是介于正常人格与人格障碍之间的一种人格状态，也可以说是一种发展中的不良倾向。常见的人格缺陷有自卑、抑郁、孤僻、敏感、多疑、焦虑、对人有敌意或暴躁冲动等，显然，这会严重阻碍学生的正常发展。

二、高校学生心理健康问题产生的原因

高校学生心理健康问题的出现与社会、学校、家庭、个人等诸多方面的因素有关,归纳起来主要有以下几个方面:

(一)环境变迁

对刚进入高校的学生来讲,他们所面对的是一个非常新奇又非常陌生的环境,这种环境的变迁会给学生带来一些困难。首先,学习环境的变化会增加他们适应新环境的困难;其次,生活环境上的变化也很大,这种变化需要他们独立应对一切生活琐事;最后,地位变化带来很大的影响,进入高校以后,各方面的人才聚集在一起,势必使一些学生失去原来的拔尖地位,这种地位的变化越强烈,他们适应起来就越困难。

(二)人际关系失调

如果学生善于与周围的人保持良好关系,维持一种融洽的正常感情交流,就能很快适应新的环境,得到归属感和安全感,这种交往有助于学生的身心健康。但是由于高校学生通常来自不同的地域、不同的家庭,他们的思想观念、价值标准,以及生活方式、生活习惯等都存在明显差异,而且很多学生是独生子女,在与他人交往中喜欢以"我"为中心,对丰富多彩的集体生活和多种多样的人际关系难以适应。

(三)情感受挫

高校校园爱情常被人们向往和羡慕,因为它真诚、单纯、美好。但是由于一部分学生在处理感情问题上还不成熟,往往在两人关系和未来发展问题上陷入困境,而又难以自我调适。轻者会陷入情感的旋涡难以自拔,茶饭不思;重者则会痛苦不堪,甚至导致严重后果。

（四）学习压力过大

为了适应社会日趋激烈的竞争，在将来的择业中胜人一筹，部分学生在完成课堂上所规定的各种学业要求之外，又在课外拼命地自学，考各种证书，希望自己的素质和竞争力得到最大程度的提升。升学读研、出国、工作等方面的问题会给学生造成很大的学习压力。

（五）自身缺陷

少数学生在容貌、身材等方面存在某些先天的生理缺陷，或在自身个性方面存在某些缺陷，如孤僻封闭、急躁冲动、固执多疑等。这些缺陷很容易使他们产生自卑心理，形成敏感、多疑的性格，甚至导致心理问题的产生。

（六）家庭因素

部分家长把自己的希望寄托在孩子的身上，这种超负荷的希望往往使许多学生背上沉重的心理压力。一些学生家庭困难，需要社会或学校提供资助，这使他们在学习上不敢有丝毫的放松，认为只有取得优异的成绩才能回报社会和学校的关爱。同时，他们在言行、穿着打扮方面也会格外小心谨慎，生怕被周围同学议论。长此以往，有这种境遇的学生会感到苦闷、孤独、自卑、迷惘，内心充满压抑。

（七）学校及社会观念因素

目前，国内各高校及社会各界对心理问题方面的认知教育和宣传还不到位，心理救治体系尚不完善，学生的心理问题得不到及时有效的解决。学生即使意识到自己心理出现问题，也不敢或不愿意去心理辅导中心寻求帮助，往往通过压制"解决"自己的心理问题，这样只能使心理问题越来越严重。

第二节 高校学生心理健康管理探索

高校学生的心理健康问题是内外因素综合作用的结果，概括来讲就是一"高"一"低"，"高"指的是高校学生由于承载社会、家长的高期望值，因此自我成才的愿望非常强烈；"低"指的是高校学生的心理发展尚未成熟，缺乏社会经验，适应能力较差。正是这种愿望与现实之间的矛盾导致高校学生容易出现心理问题。

为了更好地促进高校学生健康成长、培养创新人才，在社会、家庭重视高校学生健康成长的同时，高校应从学校管理和学生自我教育两个主要方面加强对学生心理健康的有效教育与管理。

一、学校管理

高校阶段是学生学习、生活和人格塑造的重要阶段，高校文化和教育对学生一生的影响都至关重要。高校心理健康教育对学生人格的完善和心理潜能的充分发挥起着不可替代的作用。高校要站在为社会培养优秀人才的高度，重视学生心理健康教育工作，积极推进高校学生心理健康教育工作的制度化。

（一）提高认识，加强领导

高校要深刻认识到加强学生心理健康教育的重要性和紧迫性，把心理健康教育列入整体教育规划，纳入思想政治教育工作体系，在人、财、物等方面切实给予支持。比如：成立专门的心理健康咨询机构，引进师资，开设心理健康课程；建立高校教学资源共同体，共享心理健康教育优质课，保证学生在校期间接受心理健康教育；从新生入校开始就对其进行心理测试，建立心理健康档案，对存在心理问题的学生给予及时的心理辅导。

（二）注重开展心理健康教育

高校要通过多种方式对不同年级的学生进行有针对性的心理健康教育和指导，帮助学生提高心理素质，健全人格，增强其承受挫折、适应环境的能力。高校应根据目前学生心理健康教育的情况，采取不同水平、不同层次、校内师资和校外专家相结合的教育形式，建立完善的心理教育网络，通过心理讲座、现场心理咨询、网上心理论坛等多种方法宣传与普及心理健康知识，做到心理健康教育全员覆盖。高校还要培养学生调节和控制自己情绪的能力，在发展学生智力的同时真正使他们的内心同样强大起来。

（三）做好心理健康咨询与辅导

高校应成立与心理咨询相关的机构专门负责学生心理健康咨询与问题解答，把心理咨询日常化，开展团体心理系列主题辅导。对于学生在成长过程中产生的适应问题、交往问题、情绪问题等，高校应运用心理学及相关的科学知识和技能，开展心理健康咨询辅导活动。条件不成熟的高校，可以先成立心理协会等学生组织，发挥同伴教育的作用，开展心灵驿站、健康快车等活动，从而让学生愿意接受、乐于接受心理交流与辅导。从目前的情况看，很多学生不愿意接受心理咨询，或者对进入心理咨询场所感到难为情。因此，高校需要培养一批高素质、专业化的心理辅导教师，并不断摸索学生乐意接受的方式，通过多种形式的咨询活动帮助学生找准自己的人生定位，完善和发展自我。

（四）营造良好氛围

高校一方面应在校园文化建设方面注入心理健康文化的元素，让心理健康教育像吃饭、上课、运动一样为师生接受而不被排斥；另一方面要充分利用微信等学生"爱不释手"的平台，加大心理健康教育的宣传力度，进行常识性知识的普及教育，给心理健康教育注入正能量，积极营造团结向上、和谐共进的人文环境，加强丰富多彩的校园文化建设，满足学生的精神需要和心理需求。同时，高校应采取多种途径锻炼学生的意志品质，提高他们的心理承受能力。

（五）建立心理危机预警和突发事件反应机制

高校应设立校、院、班三级心理危机预警和突发事件反应机制，发现问题后要及时反馈，并实施心理辅导；遇到突发事件要能迅速做出反应，并妥善处理。学校、学院在成立突发事件应急小组时，就应把心理危机划入应急范围，同时班级应安排心理健康联络员，使学校和学生之间实现无缝衔接，及时发现和解决问题，尽量避免问题发生或降低问题产生的影响。

（六）积极推进联动机制建设

高校学生心理健康受社会、家庭、个人等因素的影响，单靠学校教育引导还不够，需要全社会给予关注，但又不能过度重视，以免引起学生心理的不适。高校作为主要教育管理阵营，需积极利用各种有利资源，建立起学生家长、学生辅导员、班主任、任课教师、导师、学生干部等联动机制，实现互通有无，运用团体的力量，努力在高校学生的心理健康教育方面做到"润物细无声"。

二、学生自我教育

高校学生是国家的未来，担负着祖国和人民的希望。在自我成长和发展的过程中，高校学生要站在时代的前沿来审视自己、塑造自己，树立正确的世界观、人生观、价值观，在增强责任感和使命感的时代要求下加强自我教育与心理调节。

（一）正确认识自我

高校学生如果对自己的评价偏低，就容易产生自卑、胆小、拘谨、敏感、自暴自弃等心理；如果对自己的评价偏高，就容易产生自高自大、孤芳自赏等心理。所以高校学生在对自己进行认知的时候，要全面、综合地把握自己，正确地认识自己。这是高校学生保持心理健康的必要前提。

（二）提高适应能力

联合国世界卫生组织指出，健康是一种身体上、精神上和社会适应上的完好状态，而不仅仅是没有疾病及虚弱现象。社会适应状态良好，意味着个体与环境处于协调、平衡的状态。情绪乐观稳定的个体能够在学习、工作中游刃有余。因此，在适应外界环境时，高校学生应摆正心态，降低期望值。

（三）积极转变观念

观念上的保守、认知上的不到位是学生心理健康问题得不到妥善解决的首要原因。高校应加强心理健康方面的宣传教育，让学生意识到人人都可能在不同时期出现不同程度的心理健康问题，这是很正常的现象，这样有心理健康问题的学生才会积极、大胆、坦然地去求助。

（四）学会与人相处

和谐的人际关系会使人获得更多的心理支持。学生应通过学习心理学懂得与人交往的方法，欣赏别人，真诚地赞美别人，同时相信自己的人格魅力，相信自己有能力处理好各种人际关系，学会欣赏并接纳别人与自己的不同之处。

（五）树立正确的目标

学生希望自己取得成功，达到自己设定的或者家庭赋予的目标，但这些目标并不都是合理的。学生如果能对自己的能力和设定的目标做出客观的评价，就会遭遇较少的挫折，充分发挥自身的才能；反之，则会遭遇较多的挫折，进而影响对自己的认知，产生心理问题。因此，学生应根据自己的实际情况，设定自己能够达到的奋斗目标，通过自己的努力，最终实现或接近目标，这样才有助于身心健康发展。

（六）主动参加团体活动

出现心理健康问题的学生大多性格孤僻、沉默寡言，有自闭倾向。他们迫切需要打开心门，看到外界。积极参加校内外各种团体活动，能使学生敞开自己的心扉，增强人际交流能力，发挥自己的专长，缓解内心的压力。在出现心理问题时，学生越是封闭自己、压抑自己，就越容易进入恶性循环。因此，学生应正视自己的心理健康问题，投身于各种活动，把注意力转移到外部有趣的活动中，从而更好地解决自己的心理健康问题。

高校学生心理健康教育与管理是一项系统工程。高校要使学生的思维和心理状态变化与时俱进，就要不断探索、总结和完善，并逐步建立起一套科学、有效的机制来推进高校学生心理健康教育与管理工作的科学化。

第三节 互联网时代高校学生心理健康管理的有效应对机制

一、互联网对高校学生心理健康管理的影响

互联网的快速发展，给人们带来了前所未有的信息量和新奇的刺激，对高校学生具有强烈的诱惑力。在网络发展的过程中，高校学生心理健康管理出现了一些新的变化。

（一）互联网对高校学生心理健康管理的积极影响

1.帮助高校学生认识和完善自我

互联网的出现不仅丰富了学生的内心体验，而且强化了学生的自我意识，有利于学生完善自我。网络的匿名性为学生提供了一个展示自我的空间，他们在互联网上适当地自我宣泄，能够释放现实生活中的精神压力，这无疑有益于学生的心理健康。

2.有利于高校学生展现真实心理

在网络世界里，学生能够一定程度地体验到快乐与满足，体验到自我的价值和他人的认可，还能较现实中更为自由地表达真实的心理感受，展现更加丰富的心理状态。

3.满足高校学生各种社会和心理需求

学生很容易在互联网中获得在现实生活中难以获得的满足感。学生可以在网络中畅所欲言，可以与世界各地的人交流沟通，这充分满足了他们对社会交往的需要。研究发现，经常上网的学生能得到较多的社会支持和客观公正的评价，他们能够将网络作为实现个人价值的平台，在网络中体验成功与快乐。心理学家马斯洛的需要层次理论认为，自我实现是人最高层次的需要，而互联网能够为学生提供自我实现的机会。

（二）互联网对高校学生心理健康管理的消极影响

1.使高校学生对互联网的依赖心理增强

如今，许多高校学生长期被社交软件、网络游戏等包围着，网络已成为学生成长过程中不可缺少的一部分。部分学生如果一时找不到 Wi-Fi，就会焦虑烦躁，不知所措。在互联网飞速发展的时代，许多学生对互联网产生了强烈的依赖性，这使得他们在日常生活中的人际交流变少，心理开放程度逐渐降低，对周围的事情漠不关心，对真实世界的感知能力降低，严重影响了学习和生活。

2.使高校学生的情感越来越缺乏稳定性

学生在使用互联网过程中产生的不稳定情感会让他们在现实中感到迷茫。长时间上网使一些学生有时情绪高涨，有时情绪低落。过多的网上交流减少了学生与现实社会中亲朋好友交流的时间和机会，造成了部分学生人际情感的淡漠。

3.使高校学生产生失落和厌倦心理

网络给学生带来了一定的快乐，但这些快乐可能是"海市蜃楼"。网络上信息量大，其中有许多虚假信息，有时还会有欺诈和陷阱。学生在网上花费大量时间搜寻资料信息，最后得到的有价值的信息却非常有限，并且真假难辨。因此，他们会觉得浪费了时间，产生失落和厌倦心理。

4.使高校学生的价值体系扭曲化

互联网中的信息量大，充斥着多元的价值观，甚至有错误的价值导向。高校学生正处在世界观、人生观、价值观确立的重要时期，很容易受到影响。有些意志薄弱的学生受不良观念的影响，还可能走向犯罪道路。互联网消费也使学生的消费观发生明显改变，在某些网络媒体的大肆渲染下，不良的消费方式干扰了学生的辨别能力，助长了他们的虚荣心理，甚至使他们浪费了大量的金钱和时间，严重影响了正确价值观的塑造。

二、互联网时代高校学生心理健康管理路径

（一）培养高校学生甄别网络信息的能力

互联网环境让高校学生有了更多接触各个领域的机会，这些大容量的信息资源不断地改变着学生的生活方式和价值观念，也给学生的心理健康管理带来新的问题。在交往方式上，现在绝大多数高校学生会使用手机进行语音、文字、视频交流，这是一种"互联网+通信"的即时通信方式。然而，这种方便的交

流方式也使涉世不深、缺乏自制力的高校学生在选择交往对象时具有随意性和不稳定性，给自己带来许多困扰。因此，在高校学生心理健康管理中，学校应该指导学生有选择地获取正规的手机应用程序，让他们学会鉴别网络中不同的交往对象；引导学生正确使用手机应用程序，让他们适度投入使用时间，获得有效信息，以防止沉迷虚拟交往活动而受到负面影响；帮助学生树立正确的人生目标，教会他们辨别网络信息的质量，增强他们对不良信息的免疫力。此外，学校必须干预过度使用手机应用程序的学生，帮助他们在即时通信的洪流面前合理控制时间，恰当利用互联网带来的便利，用有限的时间获得高质量的交流和有效的信息。

（二）构建"互联网+心理健康教育"体系

构建"互联网+心理健康教育"体系需要高校搭建一个心理健康教育的专用网站，高校学生在自己的手机上下载相应的应用程序。这个应用程序要建立以高校分管心理健康教育的领导为统帅，以心理健康专职教师为骨干，以学院辅导员为主，以心理委员为辅的平台，形成全方位、全过程、全面渗透的多维互动的高校学生心理健康管理交叉立体网络。学生如果需要获得心理帮助，则可以随时用这个应用程序选择自己想要寻找的教师和同学，获得心理辅导或其他帮助。高校学生心理健康管理的具体途径要向多元化的方向发展，因此不仅要强调知识的接受和认知的改变，而且要强调在互联网中进行心理健康管理的情景性、参与性、互动性和体验性。

如今，"互联网+教育"正极大地影响着中国的教育发展，网络课程逐渐成为高校学生学习和生活的一种新工具。高校学生心理健康教育课程可以尝试采用"互联网+教育"的形式，这样，在校学生既可在学校心理健康教育专网上选择自己喜欢的心理健康类课程，也可通过校园应用程序在线学习，课后在QQ群或微信群里讨论问题，上网查找资料并完成教师布置的作业。学生还可以通过应用程序咨询一些涉及隐私的问题，避免面对面交流的尴尬。"互联网+教育"不仅有利于学生与学生之间互相交流、互相学习、取长补短、共同进步，还可进一步促进学生与教师、学生与家长之间的理解、沟通与交流，从而提升学生的心理健康素质。

（三）开拓"互联网+心理健康教育"的新阵地和渠道

1.建立高校学生网络心理健康档案

高校应构建学生心理健康问题监督、预警机制，建立高校学生网络心理健康档案，积极有效地对有心理健康问题的学生进行心理辅导。

2.建立高校学生心理健康教育网站

高校应建立学生心理健康教育网站，在学习、人格优化、人际沟通、情感困惑、恋爱、职业选择与职业适应等方面给予学生全方位的指导，在网站上提供相关的心理健康知识和其他心理健康教育网站的链接，拓展网络心理健康教育的领域。

3.有效利用校园应用程序和微信平台

教育工作者要充分利用校园应用程序和微信平台，对学生在日常生活中遇到的心理问题展开讨论，以健康的心态、主流的观点对学生进行积极引导，帮助学生转变不合理的观念，培养学生健全的人格。

运用"互联网+心理健康教育"模式开展高校学生心理健康教育，并以此为载体进行实践拓展，可以有效增强高校学生自我发展的内在动机，以及自我成长的自主性和能动性。在"互联网+心理健康教育"的实践中向学生传递正确的世界观、人生观、价值观，能够帮助高校学生增强心理健康意识。同时，丰富的网络心理教育实践能够提升高校学生的心理承受能力，磨炼其意志品质，提高其心理健康水平。高校要利用好"互联网+心理健康教育"体系，建设专属的心理健康管理工具，将课堂、活动、在线咨询、培训等内容通过网页、应用程序等搬上互联网，打造开放式在线教育。

第四节 高校学生心理健康管理体系的构建

我国现在处于经济转型期，人们的生活节奏变快，同时父母对下一代的期望值也变高，这会直接导致当代高校学生承受的心理压力较上一代增大。目前，许多高校对学生的心理健康管理过于形式化和死板化，同时，由于心理健康教师的工作量具有不定性，以及其他教师对学生成绩过于重视，导致心理健康管理工作很难开展。因此，加强高校学生的心理健康管理成为当务之急，高校应该尽快构建心理健康管理体系。

一、政府的支持与监管

（一）提高对高校心理健康管理的重视程度

高校不能只依靠自身解决基础设施、师资队伍建设经费不足等问题。政府应加大对高校心理健康管理工作的资金投入，设立专项资金，纳入高校发展规划，并监督专项资金的使用，确保其用于心理健康管理工作。在基础设施建设方面，政府可以借鉴国外高校一些较为完备的做法，转化和利用高校现有的资源，开辟一些专门用于心理健康管理的平台，有效地将心理健康管理功能融入基础环境中，从而更好地发挥在高校内部进行心理健康管理的优势。在师资队伍建设方面，政府要增加用于心理健康教师队伍建设的专项资金，定期组织专业技能培训，吸引更多的专职、兼职教师从事心理健康管理工作，增加教师人数，提高教师素质。此外，在科研项目建设方面，虽然一些国外的实践和研究较为先进，但如果我国盲目地复制其他国家的研究成果，没有做到具体问题具体分析，那么我国心理健康管理的水平仍会难以得到提高。在高校心理健康教育工作的研究和发展中，政府可以制定扶持政策和激励措施，并倡导广大心理健康教育教师积极参与具有中国特色的、符合中国国情的心理健康教育管理研究。

（二）加强对高校心理健康管理的宣传

为加强高校学生心理健康管理，政府应联合社会组织等多方力量，通过讲座宣传、观看视频等多种方式，促使全民共同参加心理健康管理。具体方法如下：

首先，政府应该倡导社会为心理健康教育发展建立平台，建议相关专家学者引领高校学生不断传递正能量，呼吁社会人士一同关注高校学生心理健康问题，为营造良好的氛围、培养全面健康意识而努力，力求多维度、多角度、深层次地推动与完善心理健康教育发展的多维评价体系。

其次，政府应该引导社会组织对高校学生进行心理健康管理。社会组织由多种组织形式构成，尤指为了解决社会上存在的问题或者为了达成一个特定的目标而有计划、有意识地组合起来的一种社会群体组织，例如社会上的商会、医院、企业等。相对来说，社会组织作为第三方组织，可以更加公平、公正、客观、真实地为高校学生心理健康管理工作提供服务，更好地发挥自身的作用。政府理应不断地挖掘社会组织在高校心理健康管理方面可以发挥的特有能力，不断鼓励社会组织走进高校，走进课堂，参与高校的教学工作与社会实践工作，不断促进高校与社会组织的合作，发挥社会各阶层的力量，为高校学生心理健康管理做出贡献。

最后，政府应该运用网络新媒体对高校心理健康管理进行宣传。例如，在网页上专门设立有关心理健康的专题，在微信公众号上发表相关文章、视频，图文结合，音视频结合，增加趣味性、增强传播性，普及心理健康知识。

（三）加强对高校心理健康管理的监管

在高校实施心理健康管理的同时，政府也要加强监管，制定相关评价体系，将心理健康管理纳入高校的评价体系中，委派专员定期对高校进行合理的监察，保证高校心理健康管理的有效实施。

二、高校学生心理健康管理理念的构建

要消除目前高校学生心理健康管理形式化的现象，需要从以下几个方面入手：

（一）确立"保护、帮助、规范"的高校学生心理健康管理目标

大学阶段是学生获取知识、提升能力、塑成价值观的重要阶段，高校学生不仅要接受新的专业知识，还要不断完善自己的世界观、人生观、价值观，保障学生心理健康的重要责任，则需由高校承担。因此，以学校教育为主导的心理健康管理机制就自然成为学生心理健康管理的基础保障。

现如今，当代高校学生的法律意识正日趋完善，《中华人民共和国精神卫生法》明确规定："心理咨询人员应当尊重接受咨询人员的隐私，并为其保守秘密。"良好的心理咨询关系，是心理咨询能够正常有序进行的基础，而良好关系的构建则依赖于健全的心理咨询制度。只有让咨询者感受到自己的隐私得到了很好的保护，心理咨询才能有较好的效果。

高校可建立监督保密制度，加强对学生心理档案等内容的保密处理，泄密则追究责任到个人，根据情节给予相应的处罚。高校应规范查询档案的权限，非专业人员不可查阅有关档案，并根据《中国心理学会临床与咨询心理学工作伦理守则（第二版）》总结出保密工作中可能出现的例外情况，让高校心理健康管理工作者有据可查、有理可循。

另外，高校应从学生心理健康管理的参与主体出发，分析其有关作用和影响。首先，高校辅导员要帮助学生群体树立正确的心理观，让学生正视心理问题，而不是对心理问题抱有偏见或逃避心理问题，尽可能地避免学生出现心理问题；其次，高校可在班级中挑选学生作为学生干部帮助同学，他们和同学朝

夕相处，对身边同学的状况比辅导员、心理咨询师更熟悉，因此有效选择学生干部有利于预防学生心理健康问题，增强介入效果；然后，在课程设置上，高校可为各年级学生开设一门或多门与心理问题诊断、心理健康教育咨询相关的必修课程，引导学生学会在生活中遇到有关问题时先进行自我调节和排解；最后，高校可通过社团开展志愿活动、公益活动，让学生在互动、交流的过程中有效解决在人际交往中遇到的问题，减轻内心的焦虑。

（二）加强对高校学生心理健康管理的支持

高校一方面需要改变课时较少、专业教师匮乏，以及学生心理健康管理水平不高的状况，另一方面要着手培养心理健康管理的专业人员，对从事心理健康管理工作的教师进行编制，并制定一系列激励措施。

高校也需要给予学生心理健康协会和相关社团一定的活动经费，帮助学生进行更多更好的"心理自助"活动，但是要注意控制资金流向，跟踪资金使用情况，确保资金真正被用于整改学生心理健康管理工作，并定期对整改情况进行调研。

（三）营造高校学生心理健康管理的文化氛围

校园文化氛围是高校精神文化和校风的写照。良好的校园文化氛围一旦形成，就会和社会的主体文化一样具有深远影响，成为培养人才和改变教育方式的动力。因此，高校要认真学习、宣传、落实国家和教育部门有关高校学生心理健康管理的文件，了解学生的心理健康现状。相关文件的学习、宣传，不能只涉及几个领导人员，高校还需要动员全校教师与学生，让师生共同关注学生心理健康现状和实施学生心理健康管理的重要性和必要性。只有全校师生都关注和重视了这一问题，具体计划和相关活动才能更好地得到实施，获得预期的效果。除此之外，高校要认真举办以心理健康教育为载体的活动，丰富活动的内容和形式，扩大宣传范围，强化宣传效果，培养学生关注心理健康的意识。扶持和协助学生心理健康协会等团体积极开展活动，让学生把心理健康咨询当作定期"体检",这对提升学生的心理健康水平具有重要意义,可以为心理健康管理体系的全面推广奠定基础。

三、高校学生心理健康管理活动载体的构建

(一)促进高校学生心理健康管理体系下的全员参与

针对高校学生心理健康管理流于表面和教育德育化现象,要鼓励心理健康管理体系下的全员都参与到心理健康管理工作中来。

1.保质保量地完成现有的心理健康课程教育

目前,大部分高校不仅对心理健康教育有了一定程度的认识,还开设了相关课程。2018年,中共教育部党组印发《高等学校学生心理健康教育指导纲要》,对高等学校学生心理健康教育的指导思想、总体目标、基本原则、主要任务等做出了明确要求,但由于各高校对这项课程及相关指导的认识与把握不一,导致开课效果难以保证。因此,在中共教育部党组的指导下保质保量地完成现有的心理健康课程教育是基础,只有基础打牢了,才能使量变引起质变。

2.有意识地将心理健康教育的内容渗透至学科教育中

一方面要增强任课教师开展学生心理健康教育的意识,另一方面要建立心理健康教育资源库,方便教师在学科教学中适当、及时地穿插心理健康教育的内容。这就要求教师要在平时做好教育素材(包括图片、视频、电影、案例资源、音乐等)的收集与保存工作。

3.开展多样化的心理健康辅导活动

高校要打破常规,不要拘泥于形式,只要是对学生心理健康有意义的活动,都可以开展。例如,定期举办以心理健康为主题的"大讲堂"活动、邀请榜样人物来校做讲座、举办歌舞比赛等。这些学生喜闻乐见的方式能够帮助他们释

放压力，同时给他们带来积极向上的活力。

4.提高全校教师的心理素质

提高全校教师的心理素质，目的是让教师健康良好的行为表现起到引领和表率作用，在此基础上，也应加强学校、社会及家长等多方面的合作，合力营造良好的学生心理健康管理环境。

5.注重社会实践基地建设

高校可配合课程内容的需要，与有关单位合作，并将其作为开展学生日常心理教育的社会实践基地。另外，高校也可组织学生走进社区开展社会义务工作，以及和心理健康相关的社会调查类活动，以促进心理健康教育的内化。

总之，要通过完善心理健康管理体系，把高校学生心理健康置于一个优良的家庭、学校和社会环境中，让健康、积极的环境促进学生心理的健康发展，让学生主动接受相关心理健康教育，多措并举、知行结合，切实提高学生的心理素质。

（二）创新高校心理健康管理体系下的课程教学

就教学内容而言，除了心理健康课，高校还可根据学生的实际需要，开设就业与心理健康、恋爱与心理健康、压力与心理健康等教育课程，缓解学生的就业压力，提高学生群体的心理抗击打能力；与此同时，还可以面向学生开设心理学相关方面的选修课程、心理健康专题讲座或系统的心理知识培训，让学生更好地了解和自觉地调适心理压力与解决心理问题。

一般的课堂教学在传授心理学知识的同时，要注重提升学生的学习兴趣，其教学方式包括但不限于开放式教学、互动式教学、情景式教学等。

1.开放式教学

所谓开放式教学，一是指课堂的开放，可以让更多的学生进入课堂听课学习；二是指在学校食堂等地通过展示知识图片、放映短小的科教电影、开展主题沙龙研讨活动等方式，让学生在轻松的氛围中接受心理健康教育，认识到正视心理问题的重要性，以及学会舒缓压力与调整心态的必要性。

2.互动式教学

互动式教学可以让学生参与具体的活动，其主要表现在两个方面：一方面是让学生直接参与心理健康教育活动，学生既是活动的组织者，也是活动的受教者，可以在活动中潜移默化地提高自身的心理素质；另一方面是让学生参与心理健康教学内容和教学形式的选择，以便学生更好地理解相关知识，从活动的参与者向活动的组织者转变，这种方法在增加学生参与度的同时也增强了教学效果。

3.情景式教学

情景式教学可以通过对心理健康咨询情景的模仿实现，教学效果十分显著，这种教学方式不仅要求学生做好充足的课前准备，如广泛地查询相关知识，还要求学生扮作心理咨询师或情景中的人物，从心理上锻炼自己。

需要注意的是，不同的教学内容需要与不同的教学方式相适应，同时，师生要用较多的课后时间与精力进行准备和配合。因此，学生心理健康管理要因人而异、因地制宜，要综合考虑各高校的条件，根据在不同地理环境、人文素养下学生群体的具体心理情况，选择适当的教学方式。

（三）加强高校学生心理健康管理体系下的人员配备

高校的学生心理健康教育队伍通常是年轻的队伍，他们大多数是讲师，面临着工作和家庭的双重压力，非常需要学校提供更多的培训、交流等提高的机会和人性化的关怀。因此，高校一定要注意把队伍建设放在重要的位置上，给予心理健康教育专业的教师更多的深造机会，并在一定程度上给予他们家庭和生活上的关心。高校应主动帮助他们协调工作关系，调整工作内容与分工，并主动负担培训经费，解决他们的后顾之忧。高校还要建立系统的专业督导体制，保证机会落实到人，落到实处。总之，高校要为心理健康教育专业教师的专业发展和自我提升营造空间、提供平台、创造机会，引导他们在心理健康教育事业上取得成绩。

高校学生心理健康管理队伍的建设主要包含以下三个方面：

1.心理学专业教师队伍的建设

高校在适当引进专业教师的同时，更要考查教师的专业素养，了解其相关经验与经历。在条件许可时，高校可引进行业专家进行指导和培训，以充实专业教师的整体素质和水平，从而提高学校心理健康教育与咨询服务的水平。

2.辅导员队伍的建设

从某种意义上来说，辅导员是学生心理健康教育的主力，他们几乎每天都与学生接触，比普通的任课教师更了解学生有怎样的心理压力和心理健康状况。因而，他们能够第一时间发现学生的心理健康问题，并及时出现在学生面前开展实质性的帮助和疏导。同时，辅导员也是班级心理辅导活动的带领者和组织者，相较于校级组织的心理咨询活动，班级内部的心理座谈会更容易让害怕受到非议的学生群体接受。因此，提升辅导员队伍的心理健康管理水平的意义重大，这就要求高校对辅导员进行系统的培训，以确保心理健康管理工作的高效进行。

3.其他任课教师队伍的建设

这类教师虽然与上面两类教师的专业和承担的任务不同，但他们本身的形象以及教学内容都会给学生带来潜移默化的影响。其他任课教师鼓励和欣赏的眼神、耐心的倾听、平等的交流和沟通，以及公平、公正、公开的成绩判定等，都会给学生的心理带来良好的影响，有利于缓解存在心理健康问题的学生的负面情绪。因此，其他任课教师队伍要摆正自己的地位，明确自己对提高学生心理健康管理水平所起的积极作用，高校也要充分意识到这支隐形的心理健康管理队伍的重要作用。

四、高校学生心理健康管理组织的构建

（一）明确高校学生心理健康管理体系责任机制

高校学生心理健康管理的对象是高校学生群体，但由于高校学生群体呈现出正逐步走向成熟但尚未真正成熟的心理特点，高校在开展心理健康管理工作时，不可避免地要面临较大的风险与责任。当过程中出现一些不可预知的突发情况时，接触该过程的参与主体之间就有可能出现互相指责、推诿扯皮等负面现象。因此，以法律政策的形式对心理健康管理过程中的各个参与主体的责任进行强制性规定就显得尤为必要。首先，参与主体必须清醒地认识到严格执行的重要性，积极主动地承担风险，否则法律政策就成了纸上谈兵；其次，各个参与主体之间要树立共担风险的意识，不能因为自身的利益目标而忽略心理健康管理主体；最后，政府相关部门要在心理健康管理过程中起到监督作用，制定相应的惩处措施，并将参与主体执行情况纳入个人档案。

（二）建立高校学生心理健康管理体系内外沟通交流和合作关系

目前，校内心理咨询部门主要有学生工作处设置的心理咨询中心和各学院设置的咨询室，但由于存在心理顾虑或碍于面子，学生一般不愿前去进行心理咨询，少数前去咨询的学生也避重就轻，不愿讲出内心深处的核心问题。对此，院系相关辅导员和班主任在发现学生出现心理问题的苗头时，要及时与校内咨询部门和专业咨询人员沟通，动员或带领学生前去咨询，或请相关专家和专业人员开展讲座，及时疏导与解决问题。而且院系相关辅导员和班主任与校内心理咨询部门的沟通与交流要及时有效，对于不懂的问题要及时请教，以便学生心理健康管理工作的持续开展。

一般情况下，主动去校外医院和校外心理健康咨询室进行心理咨询的学生，往往是深感自己心理健康问题较为严重的学生，他们是高校心理健康管理工作的重点对象。这些学生既有心理健康方面的问题，又害怕被别人知道，心

理健康管理工作者要针对这些学生,适时进行思想疏导,使学生认识到心理健康问题并不是见不得人的隐疾,而是大家都普遍存在但每个人严重程度不一的问题,需要及时得到解决。

高校需要与相关医院和心理咨询机构建立长期稳定的合作关系,具体形式如下:

第一,将出现心理问题的学生及时介绍到相关医院和心理咨询机构去,让学生得到更好的专业预防和治疗,给予学生一定的心理慰藉。

第二,定期举办心理咨询机构进校园活动,及时掌握学生的心理动态,了解学生心理问题起因,还可以跟踪回访有心理问题的学生,一方面切实保证这部分学生的安全,另一方面为学校更好地开展学生心理健康管理工作提供借鉴和指导。

第三,高校可以经常邀请心理咨询机构的相关专家来学校做报告或参与相关活动,营造良好的心理健康教育氛围,提升学校心理健康管理水平。

总之,高校学生心理健康管理水平的提高是一个长期过程,需要高校多层面、多视角地采取不同的方式一步一步地努力提高。从发现问题、解决问题到持续跟踪报告,整个流程要及时、有效。

五、高校学生心理监测机制的构建

(一)从社区角度入手

构建社区式扁平化管理,根据不同社区的不同情况,建立不同的服务和管理机制,利用大数据及时发现、主动寻找社区内潜在的有心理健康问题的学生。以社区为单位,利用"互联网+社区",在线上为学生搭建心理检测平台,使用"抑郁自评表"或"焦虑自评表"等工具,对有心理障碍倾向的学生的心理健康情况进行大致了解,在此基础上提供定向心理服务。在社区内举办心理健康座谈会或交流会,积极欢迎有心理障碍或有相关倾向的学生群体参加,利用交流让他们发现自身存在的心理问题，在沟通的基础上实现"共愈"效果。此外，还要将检测结果对应到学生个体上，细致系统地分析其心理情况，并实时追踪检测其行为动态。

（二）从学校角度入手

在学校定期开展以心理健康为主题的班会活动，在学生群体中普及心理健康知识。定期对学生进行心理健康的检测，及时对存在心理问题但没有接受过心理疏导的学生进行心理干预，对心理问题进行治疗疏导，防止心理问题继续恶化。

通过心理监测机制，可以时刻清晰地关注学生的心理问题，为学生提供实时检测结果、心理疏导和治疗方案，实时跟踪学生的心理状况。还可以通过数据比对分析学生的心理状况是否好转，或者提供治疗进度参考，让学生时刻了解自身的心理问题，根据方案主动进行疏解治疗。

六、高校学生心理健康档案体系的建立

建立学生心理健康档案是高校学生心理健康管理工作的重要环节。高校应自学生入学起，采用科学严谨的方法，根据各类心理信息资料，对学生的心理状况进行系统的分析、整理，为学生建立有序的心理健康档案。

高校要在每学期开学后统一组织心理健康普查活动，如实记录并分析收集到的学生心理健康普查数据，并进行回访，以便全面了解学生的学习状况与心理状态。对于有心理困扰的学生群体，高校要随时进行心理观测。对于有心理障碍的学生群体，高校要按类建立心理档案，由学生辅导员给予及时的帮助和情感疏导。对于分检出有严重心理障碍及心理疾病的学生群体，高校应及时将其送到专业的心理治疗机构进行诊疗。这些管理措施实施后，要及时将学生的心理健康状况是否得到改善、改善效果如何等情况，如实地记录在其档

案中。

由于心理档案会涉及学生隐私，甚至影响学生的学习和生活，因此高校要对学生的心理健康档案进行专业的保存和管理。

七、高校学生心理健康管理评价体系的构建

高校往往会对刚入学的新生进行心理健康测评，而在不同的年级和阶段，学生的心理健康问题的内容和程度不一。因此，高校需要从学生和教师两个方面出发，构建高校学生心理健康管理体系，并相应地建立一个完善的跟踪测评和监督干预体系。

（一）完善心理健康测评与评估内容

对于高校学生来讲，每年出现的心理健康问题可能是各不相同的。以全日制本科学生为例，他们在上大一时有大一的烦恼，在上大四时有大四的忧愁。在不同的年级和阶段，学生看问题的方式和角度也是不一样的。因此，要对大一至大四的学生的测评内容加以区分，可以在学生原有的心理健康问题测评内容中，根据其所在的年级选择性地加入恋爱、学习压力、人际交往、经济状况和就业等相关问题，个别问题还可以再进行细分。例如，学习压力可分为外语与计算机考级、资格证书考试，一般课程考试，出国留学，考研，等等方面的压力；人际交往可分为与高年级的同学之间、与低年级的同学之间、与宿舍的舍友之间、与教师之间、与食堂工作人员之间、与陌生人之间等的交往；就业可分为选择工资高、生活成本高、机会多的大城市还是选择工资低、生活成本低、机会少的小城市，选择自主创业还是选择做一名"上班族"，选择从事大众化的行业还是选择小众化的行业。问题细分有助于学生找出压力及心理健康问题产生的根源，从而更好地找到解决问题的办法。

另外，高校还可以适当补充与心理健康相关的身体健康方面的内容，通过

解决身体健康问题，寻找解决心理健康问题的出口。而且，社会在飞速发展，日新月异的变化使得每一年级和阶段的学生会出现不同的价值观、人生观，因此，及时更新测评内容以跟上时代的发展是有必要的。更新测评内容一方面要明确测评对象，即针对哪部分人进行测评，另一方面要全面考虑测评对象在日常生活中可能存在的心理健康问题的细节，并根据测评情况，统计相关数据，对数据进行整理分析与归纳概括，为问题的解决寻求好的方法。

针对在校四年或五年的学生，高校每年都要对其进行一次测评。高校要根据学生在不同年级可能产生的心理健康问题，如恋爱问题、考级或考证问题、就业问题、人际交往问题等，进行及时的测评与评估，从而及早发现问题并解决问题，以免学生因遭遇的问题得不到及时解决，长期积郁而不自信，甚至出现严重的心理健康问题。值得一提的是，高校相关部门要在一定程度上做到保质保量地完成测评与评估，并对每次测评进行结果统计和数据分析，及时发现学生的心理健康问题，了解其动态与发展趋势，以便及时解决。对于曾经出现过心理健康问题的学生，高校要定期对其进行测评与评估，以了解这部分学生的心理健康现状，有没有心理健康问题再次出现的苗头，如果有，就要及时采取措施，确保其心理健康问题得到很好的解决。

测评与评估可在学生与学生之间、教师与学生之间开展，具体来讲就是学生自评、学生互评和教师评学生。"评"的内容是对自我的认识、对他人的认识、对人际关系的认识、对学习心理的认识、对择业心理的认识、对人格及其培养的认识、对精神疾病预防的认识等。在测评结束后，要及时收集测评数据，约谈认识方向错误的学生，给予其正确的引导。

（二）将相关工作纳入有关人员的绩效考核体系

前文提到，学生心理健康管理工作与心理学专业教师、辅导员、其他任课教师相关，这三类人员有着各自的定位与分工，工作内容不同，工作任务也不一样。因此，高校应该对这三类人员分别考核，建立不同的绩效考核体系，与待遇、晋升挂钩，确保绩效考核体系公平、公正，落到实处，起到实效。

1.心理学专业教师

对于心理学专业教师来说，对学生进行心理健康教育是他们的本职工作。因此，在考核中，对这类人员的绩效考核体系应该最全面、最严格。

2.辅导员

学生心理健康测评与评估是一项具体的工作，其测评与评估次数可以直接量化，辅导员负责该项工作有得天独厚的优势，在召开班级会议时下发和收回测评内容表即可。同时，辅导员还可以充分利用学生资源进行统计和汇总，获得相关调查结果。因此，把学生心理健康测评与评估工作纳入辅导员工作计划中去，并作为绩效考核的内容之一是切实可行的。

3.其他任课教师

对于其他任课教师来说，在平时的教学过程中适宜地穿插心理健康教育的内容，是他们应该树立的一种意识。但是由于"适宜穿插"的度难以把握和具体化，因此，对这类人员的考核制度要有弹性，不能搞"一刀切"，以免打击他们的积极性，要鼓励他们勇于探索，创新教学内容与形式，在必要的情况下，还可以对他们进行培训。

心理学专业教师在学生心理健康管理中起领头作用，要定期对辅导员以及其他任课教师进行培训；辅导员要密切配合心理学专业教师，并针对本班学生存在的心理健康问题进行学习、研究，争取解决问题；其他任课教师要在保证学生正常学习的同时关注学生心理健康方面的问题。

（三）构建学生心理健康管理信息系统

网络的出现给人们的学习、生活提供了许多便利，高校学生的心理健康管理工作同样也需要网络的参与。建立高校学生心理健康网站，定期推送心理健康相关信息，让学生了解心理健康管理制度，学习心理健康的相关知识，定期检查心理健康，并对检查结果进行有针对性的处理，可以便于管理者实时、有效地了解学生的心理健康状态。

在宏观意义上，高校学生心理健康管理是一项很大的工程，需要处理大量的数据。为了提高心理健康管理系统的规范性，提升学校及管理者的工作效率，需要构建高效实用的高校学生心理健康管理信息系统。此系统应具备以下功能：

1.数据管理归纳功能

该功能是指可以对学生的心理健康档案及心理测试结果进行统一的管理，包括数据的归纳、整理和录入。

2.测试评分功能

该功能是指将学生心理测试结果录入系统后，系统能够自动评分，并提出具有针对性的解决办法。

3.统计分析功能

该功能是指在对学生的测试数据进行整合分析后，系统提供准确有效的统计分析结果，评价学生的实时心理健康情况，便于高校管理者更好地了解学生的心理状况，以采取相应的措施。

4.查询功能

该功能是指学生可以通过登录私人账户，了解自己的心理健康信息，进而相应地调整自己的心理状态。

第六章 高校学生安全管理

高校学生安全管理作为高校学生管理的重要内容，是高校教育体系中不可或缺的一部分。提高高校学生安全防范意识、培养高校学生自我保护能力、保障高校学生健康成长是高校学生安全管理的目标。

第一节 高校学生安全管理简述

高校学生作为高素质人才的代表，是祖国和民族的未来，也是推动社会发展的重要力量。因此，加强高校的安全管理，保障高校学生在安全的环境中健康地成长、成才，是高校教育的重要使命。

一、高校学生安全管理的内容

高校学生安全管理作为一项有计划、有组织、有目的的安全管理活动，包括安全教育、日常安全管理、安全事故处理等基本内容。与此同时，高校学生安全管理应高度重视对校园突发公共事件的预防与控制。

（一）高校学生安全教育

安全教育作为安全管理的基本内容之一，是事故预防与控制的重要手段。安全教育是通过各种形式的教育和培训，努力提高学生的安全意识和安全技能，使学生学会从安全的视角观察问题和审视问题，用所学的安全技能去处理问题的教育活动。安全教育的内容非常广泛，一般而言，高校学生安全教育包括安全知识教育和安全技能培训两个部分：安全知识教育包括法律法规教育、安全常识教育、早期职业安全教育等；安全技能培训包括日常安全防范技能培训和早期职业安全技能培训两个部分。与系统的安全知识教育相比，安全技能培训的针对性较强，更注重实践教学环节，着眼于培养高校学生的实际动手能力，其主要目的是使高校学生具备在某种特定的环境或条件下安全、顺利地完成任务的能力。

1.安全知识教育

（1）法律法规教育

法律法规教育包括以下几个方面：

①基本的法律法规教育，诸如《中华人民共和国宪法》《中华人民共和国刑法》《中华人民共和国教育法》《中华人民共和国高等教育法》等。

②关于国家安全管理工作的方针、政策、法律、法规的教育，诸如《普通高等学校学生管理规定》《高等学校学生行为准则》等。

③校规校纪的教育，特别是涉及高校学生日常行为规范的教育，诸如校园治安秩序管理规定、公寓管理规定、教室学生行为管理规范、学生违纪处分条例有关规定、离校有关规定、社团管理条例等。

对高校学生开展法律法规教育，能够帮助高校学生树立法律观念，形成良好的法律意识，使高校学生对学校安全工作有一个总体的了解，对自身所处的学习、生活环境有充分的认识，对自己在校园安全方面所具有的权利和义务有正确的态度，对自身在事故处理中所承担的责任有清醒的判断。

（2）安全常识教育

安全常识教育主要包括防火、防盗、防抢、防骗、防滋扰、防食物中毒、防网络犯罪等与高校学生学习和生活联系紧密的安全知识教育，目的在于使高校学生掌握安全防范知识，树立安全防范意识。

对突发公共事件相关安全知识的普及，是高校学生安全常识教育的重点。开展有关突发公共事件的安全教育，能够使高校学生对突发公共事件有全面的认识，掌握在自然灾害、事故灾难、社会安全事故、公共卫生事件等突发公共事件发生时所能用到的预防、避险、自救、互救、减灾等公共安全知识和技能。对高校学生开展全面、系统的安全常识教育，能够帮助高校学生建立起科学、实用性强的安全知识体系，有效地保护自身安全和公共安全。

（3）早期职业安全教育

早期职业安全教育也是高校学生安全教育的重要内容之一。早期职业安全教育主要是指与高校学生所学专业相关的安全教育，其在高校学生实验室安全教育和实习实践安全教育的基础上，更加注重针对高校学生在走出校园步入社会后，从事与所学专业相关的工作时将面临的职业领域安全问题而进行的安全知识教育。早期职业安全教育体现了"以人为本、终身教育"的教育理念，更加关注高校学生的未来安全，是提高高校学生安全意识和安全素质的重要途径和手段。

2.安全技能培训

（1）日常安全防范技能培训

日常安全防范技能培训是在安全理论知识教育的基础上，着重培养和锻炼高校学生处理实际安全问题的能力。安全防范技能培训主要是通过课堂安全技能的演示、课外实习实践、有组织的应急演练等活动，训练高校学生的防盗、防抢、防火、防人身伤害，以及应对突发公共事件等日常安全防范技能，以提高高校学生自身的防卫能力。

（2）早期职业安全技能培训

早期职业安全技能培训主要针对高校学生专业领域的安全特点，通过实习、实践和专门训练等方式和途径，对高校学生开展知识性和预防性的职业安全技能教育和培训，以提高高校学生职业安全素养和专业知识水平，促进高校学生日常安全防范技能水平的提升。

（二）高校学生日常安全管理

高校学生日常安全管理是指对高校学生在校期间的学习和生活过程中所涉及的安全问题进行的管理，主要包括人身安全管理、财产安全管理、消防安全管理、交通安全管理、社交安全管理、卫生安全管理等。

1.人身安全管理

人身安全管理是高校学生日常安全管理工作中最重要的部分。高校学生在校期间，威胁他们的人身安全，容易对他们造成人身伤害的因素主要来自三个方面：一是人为因素造成的不法侵害，如打架斗殴、寻衅滋事、聚众闹事等；二是因不可抗力而造成的人身伤害，主要指自然灾害，如地震、雷击、山体滑坡、泥石流等；三是因意外事故而造成的伤害，如摔伤、溺水、撞伤等。高校学生人身安全管理工作主要从以上三个方面着手，即规范高校学生日常行为，防止滋扰事件、伤害事件、人身侵害事件的发生，做好安全事故的预防工作，同时在高校学生受到人身安全威胁时，及时提供帮助，并如实向主管部门和领导汇报，以有效保护高校学生的人身安全。

2.财产安全管理

财产安全管理是高校学生日常安全管理中的一项基本工作。财产保护一般分为自力保护和他力保护。自力保护是指通过自己的力量，依靠所具备的安全防范知识和技能，对自己所拥有的合法财产采取措施进行保护。他力保护是指根据国家法律的规定，依靠国家执法机关实现对个人财产的保护。随着科技的普及、信息时代的到来，几乎所有高校学生都拥有手机和笔记本电脑，虽然它们带来了更便捷的生活方式，但是手机、笔记本电脑丢失或被盗的现象在校园中明显增加。近年来，随着校园一卡通（集图书卡、饭卡、超市购物卡功能于一体的校园卡）的使用，以及高校为学生统一办理的银行卡的普及，学生获得了便利，但校园一卡通及银行卡因保管不慎而丢失、被盗的现象也相应增多，往往给学生带来一定的财产损失。因此，在财产安全管理过程中，学校应充分利用安全管理活动开展宣传和教育，引导学生增强保护自身财产安全的意识和能力，同时还应着力维护校园治安秩序、宿舍安全、公共场所安全等，防止诸如抢劫、盗窃、诈骗等危害学生财产安全的事件发生，加大对此类事件的打击力度，保障学生的财产安全。

3.消防安全管理

消防安全管理是高校学生日常安全管理工作的重中之重，任何部门和个人都有预防火灾、维护消防安全的义务。校园是学生活动的主要场所，为保护学生的人身和财产安全，学校必须做好校园安全防火工作。图书馆、教学楼、体育馆、食堂、实验室等公共场所是高校消防安全管理的重点场所，对这些场所的管理主要包括建立健全规章制度和硬件配套设施，实行定期检查、报告和评估制度，重点检查消防设施、指示标志、应急照明设施、安全出口、疏散通道是否符合国家有关标准，并严防火灾的发生。在消防安全管理工作中，对学生集中住宿的公寓、宿舍楼进行安全排查和管理是高校学生日常安全管理的重中之重。在管理中，必须坚决制止学生的违规用电、用火等行为，对违反消防安全规定的行为要进行严肃处理。

4.交通安全管理

交通安全管理在高校学生日常安全管理工作中处于越来越重要的地位。随着高校办学规模的扩大，校区面积增大，在校学生人数增多，加之城市交通发展和后勤服务社会化因素的影响，学生校内外交通安全事故数量呈现上升的态势。这就需要对学生进行交通安全知识的宣传、教育和培训，使学生明确自己的责任和义务，帮助和引导学生从关注校园交通安全、关爱自身和他人生命出发，遵守交通规则，减少或避免校园交通安全事故的发生。同时，高校安全管理部门应根据学校的实际情况，制定切实可行的安全管理条例，严格执行规章制度，规范交通安全行为，对校园交通秩序从严管理。

  5.社交安全管理

  如今，高校学生社交安全管理越来越受到人们的关注。在信息时代，有赖于网络的便利，高校学生的社会交往活动不断增多，但同时，影响高校学生社交安全的因素也在不断增加。近年来，由于缺乏必要的社交安全知识，以在高校应届毕业生求职择业中出现的社交安全问题为代表的高校学生社交安全问题越来越受到人们的关注。这就要求高校管理者在日常安全管理工作中，加强对高校学生社交活动的规范和管理，尤其是对勤工助学、求职择业、社团活动、异性交往等社交活动加强管理，规范和引导高校学生的社交行为，使其养成良好的社会交往习惯。

  信息化时代的到来，给人们的生活带来了很多的便利。相应地，网络安全、网络行为问题也给人们以无尽的烦恼。高校学生紧跟时代的步伐，利用网络搜集信息、学习知识、交流沟通，从而更好地完成学业。然而，少数高校学生迷恋网吧、浏览不良信息、沉迷于游戏或聊天交友，受骗上当事件层出不穷，有的甚至走上了违法犯罪的道路。在高校学生日常安全管理工作中，必须高度重视网络安全问题，加强网络监管，规范高校学生的网络语言和网络行为，加强宣传教育，引导良好网络道德氛围的形成，坚决打击网络犯罪，维护高校网络安全。

  6.卫生安全管理

  卫生安全管理主要是指关系到学生学习生活的校园公共卫生安全的管理，以及对突发公共卫生安全事件的防控工作。高校应根据《中华人民共和国传染病防治法》《突发公共卫生事件应急条例》，以及中国疾病预防控制中心和地方疾病预防控制中心有关文件精神，对公共卫生安全事件及时采取各项措施。

  （三）高校学生安全事故处理

  高校学生安全事故处理主要是针对在高校实施的教育教学活动或者高校

组织的校内外实践活动中，以及在高校负有管理责任的教育教学场所和生活场所内发生的，造成在校学生人身伤害、财产损害等后果的安全事故的处理。安全事故发生后，保护学生和学校的合法权益是高校学生安全事故处理的主要目的和原则。高校学生安全事故处理主要包括事故的调查取证、事故责任的认定、事故损害的赔偿和对事故责任者的处理四个方面的工作。

1.事故的调查取证

事故的调查取证工作是事故处理中一个十分重要的环节，它是弄清事故发生的经过、查找事故原因、有效控制事故影响的重要步骤。在学生人身受到伤害和财产遭遇损失后，高校学生安全管理部门或人员应及时处理，开展相应的调查取证工作，以获取事故发生的一手资料，找出事故发生的根本原因。例如，学生在校园内发生如财物被盗、受伤甚至非正常死亡等突发公共事件，造成学生财产和人身重大损害时，辅导员应做到以下几点：

①保持沉着冷静，迅速采取措施进行抢救和保护现场，及时通知学生家长。

②加强思想政治教育工作，稳定学生情绪，恢复正常的教学和生活秩序，协同有关部门妥善处理后续事宜。

③在调查取证的基础上，写一份调查报告，及时向学院、学校以及相关主管部门汇报。

2.事故责任的认定

安全事故责任的认定，是在事故调查取证后，在对各种证据汇总和分析的基础上，进行的对相应事故责任的判定。在安全事故责任认定的过程中，主要依据相关法律法规，对学校、学生或其他相关当事人进行责任认定。安全事故责任主要是根据事故相关当事人的行为与损害后果之间的因果关系依法确定的。由学校、学生或者其他相关当事人的过错所造成的安全事故，应依据相关当事人在事故中的行为过错程度及其与事故损害后果之间的因果关系认定其应承担的相应责任。如果当事人的行为是事故损害后果发生的主要原因，那么应当认定其承担主要责任；如果当事人的行为是事故损害后果发生的非主要原因，那么应当根据实际情况认定其承担相应的责任。

3.事故损害的赔偿

按照法律法规的有关规定，对所发生的事故负有责任的组织或个人应承担相应的损害赔偿责任。赔偿的范围与标准，应按照有关行政法规、地方性法规，或者依照最高人民法院司法解释中的有关规定执行。在事故发生后，高校学生安全管理部门或人员应积极主动地帮助参加了意外伤害保险、责任保险等险种的学生及其家长做好保险的申报和理赔工作。

4.对事故责任者的处理

对于事故责任者，应根据事故的具体情况进行相应的责任追究。对于因违反学校纪律而对事故的发生负有责任的学生，应根据学校相应的管理规定，诸如学生违纪管理规定、公寓管理规定、校园治安秩序管理规定等给予相应的纪律处分。对于因触犯刑法而对事故的发生负有责任的学生，应将其交由司法机关依法处理。在对学生进行处理时，应本着"以教育为主、处罚为辅"的原则，使负有责任的学生受到安全教育，从而改正自身的不良思想倾向和行为习惯，充分认识到安全对自身和他人的重要性。

二、高校学生安全管理的原则

高校学生安全管理的原则是在高校学生安全管理工作的实践中形成的，体现了高校学生安全管理的客观规律，是高校学生安全管理必须遵循的准则。高校学生安全管理工作遵循的主要原则有明确责任原则、教育先行原则、保护学生原则、教管结合原则等。

（一）明确责任原则

明确责任原则是指在高校学生安全管理中，建立健全岗位责任制，完善高校学生安全管理的队伍建设，实行责任追究制度。贯彻明确责任原则，有利于调动各方面的积极因素，有利于高校学生安全管理应急机制的建立，有利于建立健全规章制度，加强队伍建设，实现严格管理。贯彻明确责任原则，能够在高校学生安全管理中形成自上而下的合力，由主管部门牵头，各有关职能部门分工协作，积极配合，明确各自的责任，合理组织实施安全教育和安全管理工作，使高校学生安全管理工作制度化、法律化、长效化。贯彻明确责任原则，能够把责任与权利结合起来，实现责权统一。在贯彻明确责任原则的基础上，要建立责任评估体系，确立考核指标体系，运用测量和统计分析等方法，对实际管理效果进行科学的评估。

（二）教育先行原则

教育先行原则就是在高校学生安全管理中，注重发挥安全教育的预防作用，通过课堂教学和课外实习实践，利用各种宣传、教育活动，使学生掌握安全知识和安全技能，明确安全管理的重要性，理解安全管理的重要意义，自觉地参与到安全教育和安全管理活动中来。高校学生安全管理工作要以预防为主，而要做到预防为主，就必须以教育为先导，使学生充分认识预防工作的目的和意义，以此促使学生更好地认识安全管理工作。在高校学生安全管理工作中，要认真贯彻落实教育先行原则，重视安全管理中的教育工作，使安全教育充分发挥其预防作用，帮助学生树立起正确的安全防范意识，掌握安全常识，具备安全防范技能；要避免安全教育形式化、表面化，要从预防为主的安全管理工作重心出发，正确理解教育先行原则，高度重视高校学生安全教育工作；要重视对高校学生安全技能的培训，纠正单纯注重安全知识教育而忽视安全技能培训和实践的思想和行为。

（三）保护学生原则

保护学生原则是指在高校学生安全管理工作中，以学生为主体，依据学生生活、学习和成长的需要，针对学生的知识结构和年龄特点，开展安全教育和管理活动，保障学生的人身安全和财产安全，促进学生的健康成长。保护学生原则充分体现了高校以人为本的办学和管理理念。对高校学生安全的保护要靠管理，这种安全管理不是消极、被动的管理，不是为了管理而管理、出了事故才管理，而是积极、主动的管理，是充分了解高校学生安全需要、针对高校学生群体特点的管理。因此，在高校学生安全管理中贯彻保护学生原则，应注重研究群体与群体之间、群体与个体之间、个体与个体之间的关系，把个体教育与群体管理有机地结合起来，在重视个体的主体地位，突出对个体的教育职能的同时，发挥群体管理职能；同时，还要充分发挥和调动学生的主体性，使学生切身体验到高校学生安全管理工作对自身发展的重要性，把外在的教育转化为学生的个人安全意识，组织学生积极参加各种安全教育活动，实现自我教育和自我管理，并最终养成良好的行为习惯。

（四）教管结合原则

教管结合原则就是在高校学生安全管理工作中，把安全教育与安全管理两个基本内容有机地结合起来，在充分发挥教育与管理各自作用的同时，使二者互为条件，相互补充。在安全管理实践中，安全教育与安全管理脱节的现象经常出现。贯彻教管结合原则，有利于开展以预防为主的高校学生安全教育工作，有利于对教育和管理资源的充分利用，并使二者有机地结合起来，有利于安全管理水平的不断提高。作为教育主体的安全教育和安全管理工作者，应不断提高自己的安全教育水平，提高安全管理的整体能力，以便更好地贯彻和落实教管结合原则，还要注意教管结合的工作重心问题，根据不同的时间、地点，不同的工作对象，不同的任务和内容来调整教育与管理的工作重心，做到相互结合、互为补充。

三、高校学生安全管理的任务

（一）建立健全高校学生安全工作制度

高校要根据自身实际情况建立健全具有可操作性的安全工作责任制度，具体任务落实到人；要建立健全责任追究制度，对安全事故相关责任人予以严肃处理，构成犯罪的要依法追究刑事责任；要建立健全安全工作通报制度，要求相关人员定时向上级主管部门汇报学生安全管理工作的情况，把学生安全管理工作列为学校年度工作的要点，坚决遏制安全事故发生率上升的趋势；要定期进行学校安全工作检查并实施相应的整改措施。

（二）全面提高高校安全管理水平和应急能力

1.把消防安全问题放在突出位置

火灾事故危险性极大，最易造成群死群伤和重大财产损失，因此高校要把消防安全放在高校安全管理的突出位置，下大力气抓好消防安全问题防范工作。

2.进一步规范学生宿舍的管理

目前，学生宿舍的管理问题十分突出。学生宿舍是人群密集场所，也是最易发生危险的场所。一些高校的学生宿舍仍然存在拥挤、脏乱现象，电源线私拉乱接，违规用电现象屡禁不止，火灾隐患突出。高校要做好学生宿舍的安全管理工作，尽力消除安全隐患。

3.加强校园及其周边环境整治

由于多方面的原因，当前高校校园及其周边环境仍然存在不少安全隐患，有的还比较突出和严重。这主要表现在：校内流动人口大幅度上升，使高校治安管理难度加大；校园周边密布了一大批以学生为主要经营对象的网吧、KTV等娱乐性场所，带来了许多不安全因素。高校要主动与地方政府相关部门加强联系，加大校园及其周边环境的整治力度。

（三）全面提高高校学生的安全素质

加强安全教育不仅是高校安全工作的需要，也是全面提高学生综合素质的基本要求。高校要通过调整教学内容，把安全教育纳入正常的教育教学内容之中，全面培养学生的安全意识和安全防范能力，以及在紧急情况下的自救能力和处理问题的能力，提高学生的安全素质，宣传、贯彻国家有关安全管理工作的方针、政策、法律、法规，对学生实施安全管理，并妥善处理各类安全事故，引导学生健康成长。

四、高校学生安全管理的意义

（一）开展高校学生安全管理，是依法治国、依法治校的需要

随着我国法治建设的不断深入，高校校园治安和学生安全问题得到了党和国家的高度重视，高校学生的安全教育与安全管理工作已步入了社会主义法治轨道。国家先后出台了多部法律法规，既明确了高校在学生安全教育和安全管理中的职责，也规定了高校学生在安全教育与安全管理中应该享受的权利和必须履行的义务。要使高校学生熟知相关法律法规，并将其变为自觉的行动，不间断地深入开展安全教育与安全管理是必要途径。

（二）开展高校学生安全管理，是全面培养高素质合格人才的需要

高校学生的群体特征及高校学生特定的年龄结构、生活环境、文化背景，决定了他们必然面临诸多安全问题的困扰，这些问题如果处理不好，那么不仅影响学生的学习和生活，而且很容易导致其他恶性事件的发生。高校是高等教育机构，其根本任务就是为国家培养出高素质的合格人才，所以有责任、有义

务在安全方面给予学生以指导和帮助，通过各种强有力的教育手段，使他们在健康、安全成长的同时，不断地完善自己，成为德、智、体、美、劳全面发展的高素质人才。因此，开展高校学生安全管理，是高校育人工作中的重要一环，必须认真做好、做实。

（三）开展高校学生安全管理，是改善校园安全状况的需要

一些不法分子抓住高校学生思想单纯、防范意识差等特点，把高校校园当成自己的"主战场"，严重扰乱了校园治安秩序，导致良好的学习环境被破坏，使师生安全感降低。同时，小偷小摸、打架斗殴等违法违纪现象时有发生，有的甚至发展为抢劫、杀人等恶性犯罪。高校要在全面加强防范工作的同时，切实加强对学生的安全管理，增强学生的安全防范意识，更重要的是通过安全管理，使学生树立"安全第一""维护校园安全人人有责"的思想，与高校共同努力维持校园秩序，把校园建设成安全、舒适、和谐的家园。

第二节 校园内部安全问题及应对策略

为保障在校师生的安全，高校建立了一系列校园安全管理制度。但制度的施行并不能杜绝一切事故的发生，高校学生还应不断提高自己的安全防范能力，针对不同类型的安全问题采取相应的措施，以避免受到不良侵害。现就高校校园内部常见的几种安全问题及其应对策略进行分析。

一、盗窃问题及其应对策略

盗窃问题是高校安全问题中最常见的一种，出现这种问题的主要原因是学生缺乏安全防范意识及高校管理制度不健全。部分高校不重视学生的思想政治教育，安全管理工作相对滞后，导致校园盗窃案件频发。

高校校园盗窃的作案主体，主要由对高校学生日常活动规律比较了解的社会流动人员及存在不良嗜好的高校学生组成，获取财物是其主要目的。大多数高校学生的经济来源是家长，因此会比较节俭，一旦财物被盗，学生就会在经济上和心理上承受很大的压力，正常的学习和生活也会受到影响。

针对这一问题，高校学生应从以下几个方面积极应对：

（一）遵守规章制度

高校学生应严格遵守学校制定的各项规章制度，自觉维护宿舍、教室、校园等的安全，以保障各项安全管理工作的顺利开展，不给违法犯罪分子留可乘之机。

（二）加强防范意识

无论是通过什么手段，盗窃分子的最终目的都是窃取他人的财物，因此高校学生应提高自我防范意识，保管好自身的财物，具体需要做到以下几个方面：

第一，将多余的现金存入银行，随用随取；贵重物品（如笔记本电脑、手机等）要随身携带或妥善保存。

第二，养成随手关门窗的习惯。很多学生的财物丢失就是短时间离开宿舍时不锁门造成的。

第三，对钥匙进行严格管理。避免钥匙乱扔乱放而被他人盗走，造成财物丢失。

第四，处理好同学之间的关系，形成一个友好互助的集体。同学之间在学习上要互相帮助，在生活上要互相照顾，不给盗窃分子留下可乘之机。

第五，对陌生人要提高警惕。对到宿舍或教室找同学的陌生人既要以礼相待，又要有所防备，尤其是对上门推销商品的陌生人，更要加强警惕，发现可疑人员时应及时向学校保卫人员反映。

（三）遇盗时及遇盗后沉着冷静

即使高校的治安管理措施非常到位，学生也具有很强的防范意识，日常生活中也可能会发生财物被盗的事件。遇盗时，一定不要紧张，要做到沉着冷静、随机应变，在保证自身安全的同时，制止盗窃行为，并及时报警。遇盗后，要冷静检查物品丢失情况，并及时报警。

此外，辅导员、学生社团及学校相关工作人员要通过各种途径向学生宣传一些安全知识，结合具体案例对校园盗窃案的特点和规律进行分析，增强学生的安全警惕性。

二、诈骗问题及其应对策略

高校学生虽然身心日渐成熟，但社会阅历尚浅，思想比较单纯，非常容易上当受骗，尤其是身处困境，需要他人援助时，极易失去警惕性，不知不觉地就会进入骗子的圈套。受骗者有的损失财物，有的荒废学业，身心会受到较大的伤害。

诈骗者针对高校学生实施诈骗的方式有很多，有的通过直接诈骗获取钱财，有的利用老乡、同学的关系进行诈骗……为了避免学生遭受诈骗者的侵害，高校应做到以下几点：

（一）提高学生辨别真伪的能力

高校学生还没有步入社会，大多数高校学生的防诈意识不强。因此，高校在日常的学生管理工作中，应该多对诈骗相关的法律法规及案例进行宣传，提醒学生要对事物有客观辩证的认识，提高学生的防诈意识。

（二）建立健全校园出入制度

高校应对校园出入进行严格管理，要求学生和教职工在出入校门、办公楼、宿舍楼等场所时佩戴校徽等标志，校外人员登记后方可进入校园，并要提醒学生不带不熟悉、不了解的人进入校园，不给一些别有用心的人留可乘之机，从而尽量减少安全隐患。

（三）教育学生谨慎交友

高校学生有着非常强烈的人际交往需求，为了得到友情和爱情，他们希望结交更多的朋友。在对学生这种需求予以充分理解和尊重的基础上，高校应教育学生不要轻信陌生人，不要随便告知陌生人自己的信息。

三、消防问题及其应对策略

高校人员众多，除学生、教职工外，还有大量的校外人员，因而形成了高校人员的多样性，高校人员的防火意识和防火能力具有很大的差距，给学校的消防安全管理工作造成了一定的困难。而且在学生公寓人员比较密集，可燃物、易燃物多，学生对火、电等的使用也往往不规范，使高校存在很大的消防安全隐患。为了杜绝火灾的发生，高校应该努力做到以下几点：

（一）完善相关规章制度

高校在各个场所的管理规定中都要对防火做出明确的要求，并组织学生进行学习，让学生掌握必要的消防常识。比如，在学生宿舍管理制度中要明确规定学生不得乱接电线，禁用电热器具等大功率电器，不准在室内堆放易燃物品，等等。对于违反规定的学生，要进行严厉的批评教育，情节严重的要加以处罚，以警示其他学生。

（二）普及消防用具使用常识

个别高校设置的灭火器、消防栓等消防用具只是为了应付上级检查，甚至有些消防用具无法正常使用，存在着较大的安全隐患。即使面对能够正常使用的消防用具，有的学生缺乏相应的使用常识，面对火灾依然束手无策。因此，向学生普及消防用具使用常识是十分必要的。

（三）进行消防模拟训练

许多学生的消防观念比较淡薄，仅仅局限于在发生火灾后拨打火警电话"119"，然后等待消防队员的扑救，而对消防监督、火场逃生和疏散等感到茫然。高校应该定期和消防部门联合进行消防模拟训练，让学生在具体的情境中切实掌握安全逃生本领，提高学生的防灾应变能力。

四、暴力滋扰问题及其应对策略

与社会上的其他场所相比，高校是一个较为安静、祥和的地方，但有时也会发生一些暴力滋扰问题。暴力滋扰问题会扰乱校园环境，对广大师生的学习、生活造成不良影响。因此，为了避免此类事件的发生，高校应教育学生做到以下几点：

（一）加强自身修养

高校学生应对自身的个性特点有一个清楚的认识，通过自我学习和别人的帮助克服自己性格上的弱点，做到心胸宽广，不斤斤计较，不因小事与他人起纠纷，学会与他人和谐相处，不与社会上一些具有不良嗜好的人交往。尤其要尽量少涉足或不涉足成员复杂的公共场所，在与异性交往过程中要慎重选择，自尊自爱，构筑思想防线，避免受到侵害。

（二）增强法律观念

高校学生要重视安全教育，积极学习法律知识，增强法律观念，做到知法懂法，学会依法维权。另外，高校学生还应掌握一些必要的应急方法，遇到滋扰时，应在保证自身安全的情况下保护好现场，保留痕迹及物证，及时报警。

（三）遇事冷静

高校学生遇到滋扰事件时，千万不要惊慌，要了解闹事者的目的，在保证自身安全的前提下对其进行说服教育。在说服教育无效时，也不要蛮干，应抓住机会及时向有关部门反映，依靠组织和群众的力量，制止违法犯罪行为。

五、其他安全问题及其应对策略

（一）交通安全问题及其应对策略

如今，我国机动车保有量不断增加，交通安全问题也随之而来，交通安全问题也是高校常见的安全问题之一。针对新的交通状况，高校要规范校园的交通管理，主要有三种策略：①高校要拓宽校园道路，完善校园道路交通设施；②高校要依据国家的交通法规，结合本校的实际情况，制定校园交通管理规定；③高校通过多种形式进行交通安全宣传，督促师生必须掌握交通安全基本知识，遵守交通管理规定，确保自己的人身安全。

（二）食品安全卫生问题及其应对策略

随着高校后勤社会化改革的进行，后勤管理工作逐步引入了市场竞争机制，极大地改变了后勤工作的局面，但在食品安全卫生等方面也不可避免地出现了一些问题，引起了高校的重视。高校要与后勤各部门签订责任书，责任落实到个人，并不定期对其进行检查，做到有错必纠、处罚适当。高校要注重对学生经常性开展安全和健康教育，以增强学生的自我保护和防范意识。高校还要积极开展疾病预防活动，在配合疾控部门工作的同时，结合具体情况，在卫生部门的指导下，做好季节性流行疾病的预防工作。

第三节 网络时代高校学生安全管理

互联网的发展改变了高校学生安全管理工作的环境，在此背景下，高校需要重新审视学生安全管理工作，发现学生安全管理工作中存在的问题，并有针对性地提出相应的优化策略。

一、网络时代高校学生面临的安全问题

网络安全问题一直困扰着高校学生安全管理工作的实施，也是社会面临的难题，对高校学生的成长和成才产生消极的影响。网络时代高校学生面临的安全问题，主要有以下两个方面：

（一）网络诈骗

网络诈骗是以互联网为基础的诈骗方式，对高校学生的资金及人身安全产生了严重的威胁，主要形式有以下几种：

第一，单纯的网络金融诈骗。诈骗分子主要利用网络中隐私信息的保护漏洞，获取高校学生的相关信息，然后逐步骗取高校学生的信任，最后获得非法

的经济利益，给高校学生造成严重的财物损失。

第二，网络人身安全的威胁。很多高校学生对网络这一未知领域充满好奇，利用网络进行交友，然后独自一人去陌生的城市见陌生的网友，从而可能遭遇经济损失或者人身安全威胁。

第三，很多高校学生在上网过程中没有识别出网络诈骗，可能会邀请亲朋好友参与"优惠活动"，不仅自己遭受损失，而且还连累他人，甚至可能要承担一定的法律责任，无意识间走向违法犯罪的道路。

（二）价值观冲击

在网络时代下，信息产生和传播的速度非常快，其中的一些不良信息对高校学生不成熟的价值观造成了冲击。这主要体现在以下几个方面：

第一，网络中充斥着很多消极的信息，会对高校学生的价值观产生消极的影响。高校学生如果缺乏辨别能力，可能会将错误的信息当作"潮流"，与正确的价值观渐行渐远。

第二，部分高校学生的网瘾非常严重，很容易被网络中形式多样的娱乐方式吸引，过分沉迷网络游戏、虚拟交友等，与外界接触减少，进而出现逃课、逃学等情况，严重影响自己的学业，甚至造成留级、被劝退等严重后果。

第三，由于网络具有匿名性和虚拟性等特点，有些高校学生错误地认为网络是"绝对自由"的场所，在其中任意发布虚假信息，散播各种谣言，可能会对他人的声誉造成严重的影响，甚至成为网络暴力的发起者或者助力者，成为和谐健康的网络环境的破坏者。

二、网络时代高校学生安全管理的必要性

（一）是高校学生成长成才的需要

在过去，高校是一个相对封闭的环境，学生的学习和生活都在高校中完成，

高校为学生提供了良好的学习和生活环境，有助于学生健康、安全、快乐地成长和成才。但是，随着网络时代的到来，高校相对封闭的环境逐渐被网络打破，学生的学习和生活环境变得相对开放，学生除了受校园文化氛围的影响，还会受网络信息的影响。因此，对高校学生进行网络安全管理，是确保学生成长成才的重要方式。一方面，高校学生的价值观还在逐渐形成中，很多事情没有经历过，缺乏社会经验，很容易相信别人，很容易被网络中的虚假信息迷惑，从而受到经济方面的损失、人身安全方面的危害，甚至走向违法犯罪的道路。另一方面，大多数高校对学生的管理相对比较宽松，认为学生已经成年且具备独立的行为能力，但是面对网络时代的快速发展和冲击，学生在价值观、成长和成才方面很容易受到消极的影响，因此高校必须要及时开展安全管理和安全教育工作，提高学生的网络安全意识，以避免其身心健康和财产安全受到损害。

（二）是维护国家安全及利益的需要

高校是为社会培养高素质人才的地方，高校学生肩负着建设国家的重任，是社会主义现代化建设的栋梁之材，与国家安全及利益息息相关。但是，一些高校学生缺乏网络安全意识，对国家安全问题的认识不够深入，因此在某些诱导之下，很可能成为敌对势力的帮凶，对国家安全及利益造成威胁。因此，在对高校学生进行专业知识传授的同时，还应该加强网络安全教育，帮助学生了解国家安全的重要性以及敌对势力窃取国家安全机密的常用方式，避免学生为了一己私利走向违法犯罪的道路。

（三）是社会和谐发展的需要

近年来，高校学生网络安全事件频频出现，这些网络安全事件对学生自身或者学生的家庭造成了严重的影响，也成为社会安全治理的难题之一。因此，为了更好地维护社会的和谐稳定，高校必须要对学生进行安全管理，提高学生的网络安全意识，对学生讲解相关法律法规，揭露网络诈骗方式，避免学生上当受骗，为学生营造良好的校园环境，推动社会的和谐发展。

三、网络时代高校学生安全管理工作的实施

（一）利用互联网开展新模式的安全教育

互联网为高校提供了安全教育的新模式，高校要根据学生的需求，以互联网为平台，进行积极探索，可以从以下两个方面着手：

1.充分利用互联网的特点

互联网信息的产生和传播速度非常快，高校可以利用互联网加强对学生的安全教育，建立关于高校学生安全教育的信息共享平台，在其中发布积极、正面的信息，营造良好的互联网环境，尽力避免学生受到消极信息的影响。

2.构建互联网安全教育的新模式

高校可以聘请安全教育方面的专家进行网络授课，并将课件和课程视频上传到高校学生安全教育平台上，让学生能够随时随地学习和观看。高校还可以提高安全教育的交互性。网络为人们提供了随时随地沟通的平台，因此高校可以引导学生在接受安全教育时针对课程相关的内容进行提问，提高学生参与的积极性，帮助学生更好地理解课程内容，同时帮助专家了解学生的学习情况，并修正教学中的不足，不断增强安全教育课程的实施效果。

（二）加强学生的网络安全教育

加强网络安全教育是促进学生健康成长的重要措施，高校要做到以下几个方面：

1.提高学生对网络安全教育的重视程度

学生是安全教育的主要对象,高校需要通过网络安全教育提高学生的网络安全意识,让学生学会使用法律武器维护自身的合法权益。具体而言,高校要对网络安全的重要性进行宣传与强调,让学生了解网络安全教育的重要性,并且通过必修课或者签到等形式,提高学生的参与率,务必使每个学生都能够进行课程学习,从而避免网络安全问题的发生。

2.鼓励学生建立监督机制

引导学生以宿舍或者学习小组为单位,对其他学生在网络中的行为进行监督,确保学生能够文明上网,并树立正确的价值观,正确应对网络中的消极影响。当发现小组人员有异常行为时,学生要及时告知辅导员并采取相应的措施,避免产生更严重的后果或影响。

(三)健全和完善高校学生的安全教育服务体系

在网络时代下,高校不仅需要开展与安全教育相关的课程教学,而且还需要建立和完善安全教育服务体系。为此,高校要做到以下几点:

1.对教学内容进行完善

高校要增加与网络道德、法律法规等相关的教学内容,不仅要避免学生的违法犯罪行为,而且要提升学生的网络道德水平,维护和谐健康的网络环境。

2.设置实践教学课程

除了针对学生开展网络安全教育理论课程的教学,高校还要设置相关的实践课程,鼓励学生积极参与,使学生在实践中得到磨炼,从而更好地应对层出不穷的网络安全问题。例如:高校可以通过举办网络安全知识竞赛,提高学生的网络安全技能和安全意识;通过组织与网络安全相关的社会实践活动,让学生更好地将学习到的理论知识应用到实践中。

3.设立安全问题的咨询组织

安全教育课程的时间有限，但是学生的安全意识需要不断加强，因此高校需要常设安全问题咨询组织，安排专业的教师及时解答学生的问题，对学生进行积极的引导，避免学生误入歧途。

第七章 高校学生就业管理

第一节 高校学生就业管理简述

一、高校学生就业管理的概念

（一）就业管理

就业管理就是对就业工作实施管理职能，是指党组织、政府机构、学校与其他主体运用法律、法规、政策、道德、价值等就业规范体系为求职人员进行服务、协调、组织、监控、激励的过程和活动。

（二）高校学生就业管理

高校学生就业管理是指高校运用就业规范体系为高校学生进行服务、协调、组织、监控、激励的过程和活动。它的目标是：积极为用人单位和高校学生提供有效信息和服务，引导高校学生正确认识自我，科学判断社会对职业的需求和要求，指导高校学生找到与自身个性特征和能力素质相匹配的职业，有效、快捷、全方位地与实际工作相融合，在工作中实现人生和社会价值。

二、高校学生就业管理的意义

（一）有利于教育体制的改革

高校学生就业管理工作是学校与社会联系的渠道之一。高校要培养能够适应社会的发展与时代的变革的人才，一方面要及时了解社会需求，另一方面要以此为依据加紧教育教学与管理工作的改革。完善的学生就业管理工作可以使学校及时掌握社会需求和社会对于学生的要求，并根据社会需求有针对性地进行教育改革，提高办学效益。

（二）有利于高校学生的成才与发展

职业在实际生活中，不仅是个人生存的依附条件，而且应该是个人发挥个体力量参与社会建设、为社会做贡献的载体。择业是人生的关键问题，那么面临择业，高校学生应如何分析自身的优劣情势，怎样看待不同岗位的利弊得失？学生就业管理工作，能够帮助高校学生树立正确的世界观、人生观、价值观和择业观，帮助高校学生正确认识择业过程中出现的问题，并最终做出正确的选择，从而为其成才与更好地发展打下良好的基础。

（三）有利于人才资源的合理配置

在市场经济条件下，如何合理地配置人才资源，使高校毕业生能够学有所长、学有所用，已成为高校学生就业管理的突出问题。高校加强学生就业管理，一方面可以使用人单位了解高校的各类专业情况和适用方向，了解毕业生的多种情况，以便合理安排、科学任用；另一方面可以帮助毕业生树立正确的择业观，科学地分析自身的条件和现实的就业需求，充分了解社会发展对人才的需要，最终使人才资源得到合理配置。

（四）有利于高校学生顺利就业

在高校缺乏学生就业管理或学生就业管理极不完善的情况下，大多数学生只有在临近毕业时，求职意向才会逐步清晰，而毕业生往往不能客观地评价自己，并对未来的工作期望值过高。高校加强学生就业管理，可以帮助学生用正确的价值观念、道德标准和行为规范参与求职择业活动，增强高校学生适应新的就业形势的能力，为高校学生提供准确的社会需求信息和适合的择业技巧，从而为高校毕业生顺利就业搭好桥梁、铺平道路。

（五）有利于社会的稳定与发展

高校毕业生是社会就业群体中的特殊群体，他们知识层次高、活动能力强、影响力大，是关系社会稳定的重要因素。高校毕业生一旦获得了较满意或较适合的职业，又能在实践中发展自己，实现自我价值，他们对自身积极性和创造性的充分调动就有利于社会的发展。只有在上述的大前提下，正常的生产秩序、工作秩序、生活秩序和社会秩序才能得到维护，才有利于社会的稳定，有利于促进社会的安定团结。

三、高校学生就业管理的原则

（一）思想性原则

高校学生就业管理的过程就是对毕业生进行思想教育的过程。在高校学生就业管理中，管理者要引导学生树立正确的职业理想和职业观，这不仅是职业导向和教育的基本内容，也是高等学校思想政治教育工作的重要内容。

（二）协作性原则

对于高等学校就业的主体——高校毕业生，高校学生就业管理部门及有关工作人员要对其进行引导，为其提出建设性意见，提供必要的帮助。比如，对学生进行思想政治教育，帮助其树立正确的职业理想和职业观，或为其提供社会需求信息，讲解有关的政策法规，等等，该类工作必须由学校、社会、学生等主体相互协作，方能完成。缺乏某一方的支持，都会对高校学生就业管理工作产生较大的影响。

（三）效益性原则

高校学生就业管理的最终目的是使学生、学校和社会等各方都能获益。如果每个毕业生都只依据自己的特点去选择职业，很可能会出现热门地区、热门产业人才满溢的现象，而相对落后的地区或产业又可能出现无人可用的状况。因此高校学生就业管理要在综合考虑社会需求与学生实际、学校所设专业、培养层次等基础上，更好地对学生进行引导和管理，并把国家、集体、个人三者的利益结合起来，既要从社会需要出发，做好学生的思想工作，又要设法解决学生的具体问题和困难；既要保证学生心情舒畅地离开学校，奔赴工作岗位，又要保证高校学生满足国家建设和发展的需求。只有达到以上要求，才能使高校学生就业管理工作取得最大效益。

第二节 高校学生就业能力及其培养

近年来，随着社会的不断发展，企业的用人标准一再提高，促使高等教育改革逐步深化，以培养出更多的高质量人才，更好地满足社会的需求，更大程度地缓解高校学生的就业压力。但当前高校学生的就业形势仍十分严峻，高校学生的就业压力越来越大。因此，高校要更加重视对学生就业能力的培养，找出不足，分析原因，同时要紧跟社会形势与相关政策的指引，有的放矢地提升高校学生的就业能力。

一、高校学生就业能力的概念和构成

（一）高校学生就业能力的概念

就业能力是指高校学生在校期间通过知识的学习和综合素质的发展获得的能够实现就业理想、满足社会需要、在社会生活中实现自身价值的本领。在宏观层面，就业能力指学校培养的学生受人力市场的青睐程度，最直观的表现就是学校的就业率；在微观层面，就业能力则是指毕业生的身体和心理素质，以及所具备的知识、技能和其他相关能力。个体微观层面的就业能力综合反映了一个学校或培养机构的宏观层面的就业能力。

（二）高校学生就业能力的构成

就业能力是一种综合能力，具体应包括哪些能力，至今仍无定论。国外有学者认为，就业能力主要包括五个方面：分配时间、制定目标和突出重点目标的能力，以及准备预算和分配经费的能力；确定所需的数据并设法获得数据、处理和保存数据的能力；作为小组成员参与活动以及与他人交流的能力；了解社会、组织和技术系统是如何运行的，并懂得如何利用它们的能力；选择技术及在工作中应用技术的能力。

国内学者大多认为，高校学生的就业能力不是指某一项能力，而是指一种综合能力。有学者认为，就业能力包括职业认同、专业知识与技能、社会资本、个人适应能力四个方面；高校学生就业能力主要包括基本工作能力、专业技能和求职能力三个基本层次。还有学者认为，高校学生就业能力体系包括道德性、技能性、心理性、竞争性、实践性、发展性和应聘性七个方面的就业能力。也有研究提出，高校学生就业能力包括对行业的了解、挖掘信息的能力、正确行动的能力、语言能力、阅读能力、听力能力、写作能力、保持个人标准的能力、处理数字的能力、对问题做出反应的能力、持续学习能力、计划能力、在团队中工作的能力、使用设备的能力等。还有研究认为，高校学生就业能力主要包括责任感、找工作和得到工作的技能、推理和解决问题的能力、健康和安全习惯、个人特质等。

由此可见，国内外学者的基本观点是一致的，他们都认为就业能力是多种能力的集合，是一个综合的能力体系。笔者结合高校学生群体的特征，即接受高等教育、面临择业、即将走向社会的实际情况，认为高校学生的就业能力应主要包括五个方面：第一，基础性能力，主要包括环境适应能力、人际交往能力、团队协作能力、外语能力、计算机运用能力、挫折承受能力和情绪控制能力等；第二，专业性能力，主要包括职业岗位所需的特殊技能以及专业素养等；第三，实践性能力，主要包括理论知识应用能力、组织管理能力、任务理解和执行能力、项目策划能力等；第四，求职能力，主要包括就业信息收集与处理能力、择业定位能力、自我表达能力、自我推销能力、职业规划能力等；第五，发展性能力，主要包括自主学习能力、创新创业能力、决策判断能力、把握机遇能力等。

二、高校学生就业能力的培养

就业能力不是与生俱来的，它需要通过后天的学习和实践逐步地培养和提高。在严峻的就业形势下，高校学生应该充分利用高校阶段这个承前启后的关键时期，有意识地培养和提高自身的就业能力，使自己在未来的就业竞争中立于不败之地。高校应转变培养目标与模式，调整课程设置，加强实践性教学以及对学生的就业指导。

（一）从学生的角度出发

1.做好个人的职业生涯规划，是提高就业能力的基础

对于许多毕业生来说，与其说是"就业困难"，不如说是"就业迷茫"，他们没有就业目标或就业目标不明确，对自己的职业生涯缺乏科学合理的规划，这往往是高校学生面对就业压力时手足无措的原因。因此，高校学生应该意识到，对个人职业生涯进行科学合理的规划，对自己的就业起着至关重要的作用。为此，高校学生要从四个方面入手：一是要树立正确的职业理想，二是要进行正确的自我分析和职业定位，三是要构建合理的知识结构，四是要培养自身的就业能力。

2.有意识地培养社会适应能力，是提高就业能力的关键

社会适应能力是指人为了在社会中更好地生存而在生理上、心理上以及行为上进行各种适应性改变，从而与社会达到和谐状态的一种执行能力。简单地说，社会适应能力是指在各种环境中驾驭自我的能力。"象牙塔"里面的学生接触真实社会的机会较少，环境的隔离使他们对社会的看法往往存在简单化、片面化和理想化的倾向。由于缺乏工作经历和生活经验，他们在就业后往往不能很快地从"学生"转变为"职业人"。因此，一些企业在招聘应届毕业生时，在专业水平相差不大的情况下，往往会优先录用那些曾经参加过社会实践、担任过班干部或学生会干部的学生。

高校学生对社会和环境的适应应该是积极主动的，而不是消极被动的。学生只有具备较强的社会适应能力，才能在走入社会后缩短自己的适应期，充分发挥自己的聪明才智。这就要求高校学生在不影响正常学业的前提下，多与社会接触，通过假期打工、兼职、实习等各种途径和渠道，主动地培养和提高自身的社会适应能力。

3.培养良好的心理素质，是提高就业能力的保证

心理素质不强也是高校学生就业难的原因之一。很多高校学生在求学期间，只注重对专业知识、专业技能的学习，而忽视了对自身心理素质的培养，

尤其是对自信心的培养。在面对困惑或逆境时，他们往往会感到茫然、焦虑，产生畏惧心理，从而影响自己的学习、生活和工作。特别是在求职过程中，有些学生一旦遭遇失败，便一蹶不振，甚至对面试感到恐惧。

4.掌握正确的求职方法和技巧，是提高就业能力的捷径

凡事都讲究方法和技巧，求职也不例外。职场犹如战场，隐含着一场场不见硝烟的战争，而求职就是迈入职场的"第一战"。"不打无准备之战"，求职者只有做好充分的求职准备，注意运用恰当的求职技巧，才能"心想事成"，赢得最后的胜利。正确的求职方法和恰当的技巧是就业能力的一个重要组成部分，更是帮助学生顺利就业的可靠保证。

在毕业之前，高校学生应该掌握收集和筛选就业信息的原则和方法，掌握撰写求职材料的技巧，了解撰写求职信的注意事项，熟悉简历的形式和投递方式，了解面试前的准备工作和面试过程中的注意事项，掌握笔试的技巧，从而使自己在真正求职时胸有成竹、游刃有余。

（二）从高校的角度出发

作为人才培养机构的高校在提升学生就业能力方面具有不可推卸的责任。高校应高度重视用人单位对人才的需求，培养学生的就业能力，为学生成功就业搭建平台。

1.在就业指导服务的组织上强调全员化

高校应构建完善的就业指导服务体系，确立"以学生为本"的理念，"一切为了学生，为了一切学生"。就业指导服务的内容和形式应体现"以学生为本"，为全体学生服务。就业指导服务的组织必须强调全员化，高校要真正落实就业工作"一把手"工程，成立由校长为组长，分管学生工作的党委副书记为副组长，各职能部门与院（系）的主要负责人为成员的学生就业工作领导小组，构建"校院两级，以院为主"的学生就业服务工作体制。另外，高校还要发挥校友的作用，利用校友的力量做好学生就业信息的收集、就业岗位的推荐工作，动员全校教职员工参与学生就业服务工作，并制定相应政策予以引导与鼓励。

2.在就业指导课程的设置上强调全程化

就业指导课程具有鲜明的全程性特征，应贯穿于学生高校生活的始终。课程内容要由浅入深、循序渐进，做到个性化、系统化、科学化、规范化。高校新生的就业教育，主要是引导学生融入高校，适应高校的环境，了解高校培养人才的目标和要求。二、三年级的就业指导，重点是教育学生围绕自己的职业目标不断积累知识，提高能力，提升素质，抢抓机遇，尽早成才。对于临近毕业的学生，就业指导的主要目标是帮助他们端正心态，正确认识社会发展需要和就业形势。教师要为学生介绍全国及地方就业形势和就业政策，帮助学生拓宽信息获取渠道，传授求职、应聘的策略技巧及应注意的问题。全程化就业指导课程的设置要求高校教学管理部门把就业指导课程纳入教学计划，有计划地分阶段实施，做到连续性与阶段性相结合、科学性与实用性相结合，并体现课程教学形式的多样性。

3.在就业渠道的拓展上强调多元化

一是积极引导毕业生面向基层就业，特别是要鼓励他们到城乡基层、中西部地区、非公有制企业和中小企业就业。二是探讨"订单式"培养模式，改革教学方法，更新教学内容，促进人才培养与就业市场紧密结合。"订单式"培养模式不仅可以为企业培养"适销对路"的人才，也可以拓展毕业生就业的新空间。三是加强就业基地建设，为毕业生就业搭建平台。

第三节 高校学生就业管理服务信息平台建设

互联网在高校毕业生的就业管理中发挥着重要的作用，功能完善的就业信息平台是为用人单位和学生提供就业服务的主要渠道之一。发挥网上求职招聘的优势，建设和发展就业信息网，推进网上自助式就业服务，是必然的趋势。加强就业工作信息化建设、提高就业工作信息化程度，是高校学生就业管理改革的趋势。目前，许多高校虽然都已建设或正在建设就业信息平台，但仍存在不少问题。

一、高校学生就业管理服务信息平台建设存在的问题

（一）建设目标不明确，缺乏统一规划

不少高校对就业信息化的目标不明确，只是基于上级要求或基于校园网栏目建设的要求来建设就业信息平台，重硬件投入，轻软件建设。校内信息化系统缺乏整体统一规划，各部门各自规划、分散建设，各业务系统相互独立，互不联通，数据无法共享，形成众多"信息孤岛"，部门变化或系统升级可能导致信息无法共享，造成大量数据的重复录入和基本数据的不统一，不同部门获得信息不一致、不可信，更难以支持决策分析。

（二）管理服务功能建设不完善

首先，平台建设局限于原有的管理模式，对部门管理变革研究甚少，只是简单地把原来的工作流程搬到了计算机上，甚至是人工与计算机处理并行，导致高效的管理手段与低效的工作流程并存，起不到提高效率的作用，陷入"信息化陷阱"。其次，缺乏对用户需求的充分调研，重管理、轻服务，不能有效

发挥信息技术的作用。

（三）信息管理水平不高

一是缺乏规范的信息审核机制，导致信息内容的真实性和可靠性不高；二是信息安全管理滞后，引发用户对隐私信息安全的担忧；三是数据管理不规范，缺乏统一标准，数据不准确、难共享、利用率低，不能适应多样化业务形式发展的需要，影响就业工作质量和效率。

（四）用户间互动性不强，缺乏即时协作

不少平台仅像电子公告板一样传递就业信息，学校就业部门完全充当了信息"二传手"的角色，平台无法满足用户间即时协作的工作需要，各类用户间缺少业务参与和互动。平台未能为各类用户提供优质服务，不能发挥运用信息化手段提高学校拓展学生就业市场的能力。

二、高校学生就业管理服务信息平台建设策略

（一）建设定位和目标

学校就业部门的目标是促进学生顺利就业，职能上体现为对学生就业的管理、服务、指导和研究。就业信息平台建设应着眼于充分发挥部门工作职能，提升部门整体管理服务水平。就业信息平台既是高校学生就业工作的重要手段和保障，也是社会了解学校的重要窗口和途径，应为用户提供大量真实可靠的信息，以实用性良好的网络办公系统规范就业部门的业务管理，提升管理水平。

建设的具体目标可包括：一是提高就业管理服务工作效率，促进校内部门间信息共享，规范工作流程，提高工作透明度；二是改善学生体验，体现"以人为本"的理念；三是优化资源配置和管理流程，将网络信息服务与就业管理服务有机结合，推进学校的管理创新；四是通过数据挖掘技术，利用统计工具

对历史和实时数据进行分析，分析结果为用户决策提供支持服务。

（二）统一规划，明确平台的边界与接口

就业信息平台应是数字化校园建设中信息化校园应用系统的有机组成部分。建设规划应充分考虑就业信息平台在数字化校园中的定位、边界与接口。充分利用校内已有资源，有效利用共享数据集成、统一认证集成和信息门户集成，实现与整体数字化校园平台的融合。

学生既是平台的用户，又是平台的资源，具有双重身份。通过建设校内共享数据集成，实现就业信息平台的学生信息由权威管理部门维护，既可保证平台学生信息的真实性和可靠性，又可降低就业部门的工作强度。通过统一认证集成，学生和校内管理员通过学校统一身份认证系统登录就业信息平台，无需另外注册，平台也就无需建设学生用户和校内管理员认证功能。单位用户信息源自校外，就业信息平台服务器需建设本地身份认证模式功能。

（三）功能建设应实现与部门业务的有效结合

1.基于业务流程分析建设就业信息平台，以信息化建设促进部门业务流程再造

信息化建设成败的关键一环，在于信息技术能否与业务流程高效融合。因此，就业信息平台建设应首先围绕就业部门工作目标和业务流程进行分析，对学生就业工作涉及的职能、资源、信息和流程进行分析，完成对业务流、数据流、信息流的整理。在分析过程中要充分考虑管理思想、管理方法甚至是管理组织变革，要充分考虑信息技术的潜能，争取达到平台开发效果的最大值。根据业务流程的改善或重组计划确定平台的功能建设目标，采用过程分析构建平台模型，在整合流程的基础上对平台进行设计，才能保证平台建设的功能完善，符合实际工作需求。

高校就业部门的业务可分为学生就业事务管理、单位招聘事务管理和服

务、就业指导和咨询、职业测评、招聘信息服务、就业调研、就业分析等。在设计平台前应充分把握管理服务业务的目的性、必然性、多样性、系统性和层次性。

基于业务流程分析建设信息平台，不能简单地将原有工作流程移植到计算机上，应以信息化建设为契机，以信息技术促进管理创新，实现信息技术与流程的创新性结合。对原有不合理的业务流程给予清除；对本身合理但信息平台不能支持、无法在网上实现其功能的流程要加强、消除瓶颈；对不可缺少但属于辅助增值流程的不增值流程尽可能简化，使用信息技术来辅助；对属于信息平台能够支持但效益不佳的流程给予整合和优化。通过结合信息技术对原业务流程重组，建设招聘会网上预约审核功能和建设网上职位申请与反馈功能，实现不同用户间的即时协作，促进用户间的互动。既降低单位用户与学校联系沟通的工作强度，又提高部门整体化服务的效率和水平。

2.以用户为中心，提高工作透明度，改善用户体验

学生和单位既是就业信息平台的用户，又是就业信息平台的资源，管理员对两者所产生的数据进行分析，从而得出具有建设性和战略性的信息。就业信息平台功能模块建设应按照不同用户角色的业务范围给予规划和配置，并根据不同用户的层级给予访问及操作权限。

传统的就业流程导向是"管理"，流程以管理部门为纽带，新型的就业流程导向是"服务"，业务流程应该是"以用户和结果为导向，为用户创造价值"。因此，就业信息平台建设应以用户为中心，提高工作透明度；以人为本，改善用户体验。就业信息平台为用户创造价值可体现在降低用户在接受服务的过程中所付出的成本，包括时间、精力等方面。如推荐表办理、去向登记等业务，可通过将业务的进度状态向涉及用户开放，提高透明度。涉及用户可及时确定自己的就业安排，不同层级管理员对工作进展能做到实时掌握、实时监控，有效督促相关人员及时完成工作。

（四）提高信息管理水平

1.建设完善的信息审核机制，保证信息的真实性和可靠性

就业信息的不对称是当前制约毕业生求职成功的关键因素，表现为信息流通不畅，在保证信息的准确、完整和时效性方面缺乏有效手段。就业信息平台中的学生和单位既是发布信息的主体，又是接收信息的客体。在就业信息整理和使用过程中，首先遇到的问题就是信息的真实性与可靠性。事实上，信息的真实性是信息得到有效使用的基本前提。管理员应对学生和单位信息的真实性和可靠性负责。

通过校内共享数据集成，可保证学生数据信息的真实性和可靠性，有效解决数据的及时性、准确性和业务数据的存储利用问题。同时，可降低管理部门和学生的工作成本，对校内其他系统的数据质量的提升起到促进作用。

建立单位信息审核机制，保证单位信息的真实性和可靠性。用人单位数据是高校就业市场开发的核心资源，包含高校长期积累和新增的企业信息资源。平台建设会涉及历史记录和新增单位信息。单位信息的新增来源一般有三种：一是单位通过登录平台注册新增；二是就业部门根据单位招聘意愿代为注册新增；三是学生登记去向时检索不到单位而创建新增。就业信息平台建设应首先对历史记录单位信息进行核实、清理和归并，设置核心关键信息并进行校验，保证单位信息的唯一性和准确性；确定必须维护信息和选择维护信息，避免信息不全面；引入其他标准，起到辅助验证作用，避免单位信息人为判断出错。其次，所有单位信息必须审核合格后再提供给学生用户搜索浏览。学校可通过单位提交的组织机构代码证和企业营业执照等对单位进行审核，只有通过审核的单位才能获得平台的高级使用权限。

建立职位信息发布审核机制，保证职位信息的真实性和可靠性。职位信息是学生用户最为关心的就业信息，向学生提供真实可靠的职位信息是就业部门服务职能的重要内容。应改变就业部门作为信息"二传手"的传统做法，注意发挥用户的主动性，通过建设界面友好、流程便捷的职位发布功能，鼓励单位用户自主发布职位信息，提高信息效益。建立职位信息审核机制，可对信用和资质良好的单位用户发布的职位信息免审核，直接供学生检索浏览，其他单位的职位信息则需通过审核后方可供学生检索浏览。职位信息审核机制应能帮助管理员监控单位所发的各项职位信息，及时发现异常，如招聘人数异常、发布间隔时间异常、薪酬异常等。就业部门对可疑信息核实后，应及时做出禁止检索浏览等处理，避免学生被误导。

2.注重信息资源的充分开发和合理利用

在具备了真实、可靠的数据信息资源后，应通过对信息资源的充分开发和合理利用，提高用户使用平台的便捷性和满意度。具体可从如下几方面考虑建设：

（1）对学生信息的充分利用

面向学生用户业务流程包括生源核对、就业年份确认、就业意愿登记、推荐表制作、求职应聘、登记去向、领取报到证、离校等环节。在就业信息平台中，各环节都可充分利用共享数据集成的权威信息。传统就业推荐表、个人简历的手工填写模式表可实现网上在线制作，校内奖励信息、外语等级和计算机能力考试等信息都可调用共享数据，学生无需重复录入，管理员网上审核、检索便捷迅速，打印生成的就业推荐表数据真实可靠、格式统一，体现就业推荐表作为学校确认毕业生派遣资格的正式文件的严肃性。单位可明确简历中经学校确认的信息，增强学生简历信息的权威性，降低时间成本。

（2）单位信息的充分利用

如毕业去向管理中，可通过流程化的引导操作最大限度地减少用户的信息输入量。只有在检索不到单位时才允许新增。唯有如此，就业方案制作、统计分析所需数据的准确性才能得到保证。学生用户最关注的是就业信息，但就业信息既有表层信息，又有隐性信息。单位信息包括基本信息、联系信息、职位信息、招聘会信息和招聘录用信息等。职位检索浏览时，平台除展示职位信息中关键的学历、专业要求等信息外，可将含有较高价值的单位基本信息、介绍、招聘会参与情况、历史招聘职位、历史招聘录用情况等提供给学生便捷查看，对学生求职决策能起到参考作用。

（3）对信息资源的综合应用

就业信息平台可融合高级报表工具，提供在线报表和指标展示，实时动态反映学生就业工作进展的各项指标。通过数据挖掘技术的使用，对信息平台中的数据进行主题业务分析，为学校领导和教学科研部门提供可靠的数据分析与信息反馈。作为数字化校园建设的有机组成部分，就业信息平台还可为校内其他业务系统提供规范的数据信息服务。

（4）有原则地利用信息资源

信息使用中要避免隐私泄露，带来不必要的损失和纠纷。应建设用户选择隐私信息是否公开及公开范围的功能，如学生的个人简历、邮箱、电话等选项，以及单位用户的工作人员联系信息等。应对不同用户对数据信息访问的权限做出严格限定。

（五）建立完善的系统安全技术保障措施

就业信息平台用户众多，要保证信息不被非法操作者利用和控制，建立完善的安全技术保障措施是非常必要的。建议高校采用多层防火墙，防止外界对服务器的攻击；关键应用服务器和数据库服务器采用 Unix 或 Linux 操作系统，降低受攻击和感染病毒的风险；所有的应用服务器和数据库服务器采用系统级备份和应用级备份的措施，保证系统出现软硬件故障后能及时进行恢复；对于多服务器运行模式，可采用 IBM 公司的 WAS 的集群技术，通过多个服务器水平克隆的模式，保证单个服务器出现问题时其他服务器能正常运行。对于关键信息及功能，如统计报表、数据下载等，建议禁止从公共网络访问。

高校学生就业管理服务信息平台运用现代化网络技术手段，能有效减少信息的不对称；以实用性良好的网络办公系统、流程化的业务信息处理模式规范工作模式，提升部门服务管理水平；通过对可靠真实的数据分析与信息反馈，为学校相关部门提供了有效的参考。作为实现学生就业工作现代化和信息化的重要手段，完善的就业信息平台必将在高校学生就业管理中发挥更为积极的作用。

参 考 文 献

[1]杨丹伟."互联网+"视阈下高校学生管理工作创新路径[J].传播力研究，2018，2（27）：218.

[2]野苏民.高校学生管理工作的信息化建设探究[J].现代营销（经营版），2019（5）：222.

[3]王一汀.新时代大学教育管理工作发展分析——评《新媒体环境下高校学生教育管理工作创新研究》[J].中国高校科技，2021，（12）：102.

[4]郭刚.实践育人理念下高校学生管理工作创新探索——评《新时代大学生管理工作的探索与实践路径》[J].中国高校科技，2022，（11）：101.

[5]李明昱.书院制模式下高校学生教育管理工作的创新实践与探索[J].成都航空职业技术学院学报，2022，38（4）：20-23.

[6]靳小三,武鹏坤.新时代背景下高校学生管理模式的创新路径——评《新时代大学生管理工作的探索与实践路径》[J].中国科技论文，2022，17（2）：238.

[7]仇小梅.实践育人理念下高校学生管理工作创新探索——评《新时代大学生管理工作的探索与实践路径》[J].中国高校科技，2021，（5）：100.

[8]郭军.基于创新能力培养的教学管理改革研究[J].湖北开放职业学院学报，2019，32（4）：3-4.

[9]蔡红生,李恩.移动互联网背景下高校学生事务管理的创新[J].学校党建与思想教育，2018，（21）：82-84.

[10]李国春,部宗娜.高校学生管理模式创新探究[J].才智，2019（11）：132.

[11]吕海燕.大数据背景下大学生创新创业项目管理[J].现代企业，2019，（3）：96-97.

[12]黄丹璐.大数据背景下大学生管理工作的研究与实践[J].创新创业理论研究与实践，2021，4（12）：138-140.

[13]程海雨，杨志方，李擎，等.高校学生信息化管理平台的探索与实践[J].教育信息化论坛，2021，（12）：33-34.

[14]廖君丽.大数据在高校创新创业实践中的运用探索[J].中国管理信息化，2019，22（24）：202-203.

[15]黄一琼.新媒体视域下高校学生管理工作创新实践探究[J].文化产业，2021，（20）：106-107.

[16]张瀚."三全育人"视域下高校学生管理模式的创新与实践探析[J].辽宁经济职业技术学院，辽宁经济管理干部学院学报，2023，（3）：128-130.

[17]张义强，李鹏程，高建宏，等.高校实验室学生管理员工作模式探索与实践[J].创新创业理论研究与实践，2022，5（24）：108-110.

[18]董莉.浅析艺术类院校学生管理方法——评《高校艺术类专业学生管理理论与实践探索》[J].中国教育学刊，2022，（11）：137.

[19]张冬.高校学生社团管理创新模式探究[J].创新创业理论研究与实践，2021，4（7）：154-155+158.

[20]张怀南.大数据驱动高校学生管理工作创新研究[J].广州广播电视大学学报，2020，20（3）：61-66+109-110.

[21]李海洋，郭扬.信息化时代高校学生事务管理的理论与实践探析——评《高校学生事务信息化管理研究》[J].中国科技论文，2021，16（12）：1383.